Todos los libros de Linkgua Ediciones cuentan con modelos de Inteligencia Artificial entrenados por hispanistas. Pregúntale al chat de tu libro lo que desees acerca de la obra o su autor/a.

Para ebooks: Accede a nuestro modelo de IA a través de este enlace.

Para libros impresos: Escanea el código QR de la portada con tu dispositivo móvil.

Obtén análisis detallados de nuestros libros, resúmenes, respuestas a tus preguntas y accede a nuestras ediciones críticas generativas para una experiencia de lectura más enriquecedora.
La transparencia y el respeto hacia la autoría de las fuentes utilizadas son distintivos básicos de nuestro proyecto. Por ello, las respuestas ofrecen, mediante un sistema de citas, las fuentes con las que han sido elaboradas.

Francisco de Miranda

Viajes por Italia

Edición de Josefina Rodríguez de Alonso

Barcelona 2024
Linkgua-edicion.com

Créditos

Título original: Viajes por Italia.

© 2024, Red ediciones S.L.

e-mail: info@linkgua.com

Diseño de cubierta: Michel Mallard.

ISBN rústica ilustrada: 978-84-9816-724-5.
ISBN tapa dura: 978-84-1076-044-8.
ISBN ebook: 978-84-9897-755-4.

Cualquier forma de reproducción, distribución, comunicación pública o transformación de esta obra solo puede ser realizada con la autorización de sus titulares, salvo excepción prevista por la ley. Diríjase a CEDRO (Centro Español de Derechos Reprográficos, www.cedro.org) si necesita fotocopiar, escanear o hacer copias digitales de algún fragmento de esta obra.

Sumario

Créditos	4
Brevísima presentación	9
La vida	9
El viaje en sentido inverso	10
Viaje por Italia	11
Noviembre de de 1785	13
13	14
14	18
15	20
16	23
17	25
18	26
19	28
20	29
Diciembre de de 1785	33
19	33
20	33
21 y 22	34
23	34
24	34
25	35
26	35
27	36
28	37
30	39

Enero de 1786   41
- 25   41
- 26   42
- 27   44
- 28   47
- 29   50
- 30   53
- 31   57

Febrero   63
- 1   63
- 2   65
- 3   67
- 4   73
- 5   76
- 6   80

Libros a la carta   87

Brevísima presentación

La vida

Francisco de Miranda (Caracas, 1750-España, 1816). Venezuela.

Hijo de Sebastián de Miranda, comerciante canario, y Francisca Antonia Rodríguez, caraqueña, nació el 28 de marzo de 1750.

Estuvo involucrado en la Revolución Francesa, la Independencia de los Estados Unidos, y la de Hispanoamérica.

Estudió en la Universidad de Caracas y fue uno de los hombres más cultos de su época. Tenía conocimientos de matemáticas y geografía y dominó el francés, el inglés, el latín y el griego. En 1781 combatió junto a tropas españolas, a favor de las fuerzas independentistas, en Pensacola (colonia inglesa en la Florida).

Poco después se fue al Reino Unido en busca de apoyo en su pretensión de independizar Hispanoamérica de España. También con ese propósito fue, en plena Revolución Francesa (1792), a París. En Londres vivió con su ama de llaves, la inglesa Sarah Andrews, con quien tuvo dos hijos.

Hacia 1805 viajó a Nueva York y en 1806 marchó en una expedición revolucionaria a Haití. Más tarde se dirigió al puerto de Ocumare, en Venezuela, donde fue derrotado por los españoles.

Miranda fue arrestado el 31 de julio de 1812 por un grupo de civiles y militares, encabezador por Simón Bolívar. En 1813 fue conducido a España, a la cárcel del arsenal de La Carraca (Andalucía) y murió allí el 14 de julio de 1816.

El viaje en sentido inverso
Este libro relata un viaje de Francisco de Miranda por Rusia. Miranda, uno de los líderes de la historia de Venezuela, traza aquí un fresco de la sociedad rusa del siglo XVIII.

Con este tipo de libros se inaugura algo que casi se puede considerar un nuevo género: el viaje en sentido inverso, la visión del mundo relatada por los nativos en el continente americano. Cabe añadir que el ciclo de textos de viaje de Miranda comprende además a Europa Occidental y Estados Unidos.

> # Viaje por Italia

Noviembre de de 1785

Toda la noche corrimos con viento fresco del N. N. E. de modo que a las siete de la mañana que me levanté de dormir estábamos ya sobre Venecia y a las ocho entramos por el Lido dando fondo inmediato al Lazareto (la distancia es de 90 millas) el capitán fue a tierra para manifestar sus papeles y luego volvió a bordo, donde fletamos una pequeña barca entre todos los pasajeros y juntos con nuestros equipajes seguimos a la ciudad... ¡No se puede negar que al aproximarse el espectáculo impone! ¡Tantos hermosos y soberbios edificios que parecen salen del agua...! La vista del hermoso canal grande y de la Giudecca, con las islas adyacentes de San Giorgio Magiore, de la Madonna delle Gratie, etc. ¡todo forma un objeto grande y hermosísimo!... mas cuando se desembarca y se comienza a ver la mierda y porquería que cubre las calles, casas, etc. ¡la idea disminuye infinitamente!... en fin llegamos a la sanidad que está vecino a la Dogana; y después de habernos molido una media hora nos despacharon y cada uno tomó su góndola para buscar posada. Los guardas vinieron a querer visitar el equipaje, más 2 o 3 paulos que se les dieron, los hicieron marchar luego con una reverencia. A las diez tomé alojamiento *ne lo Scudo di Francia* inmediato al famoso puente de Rialto, pagando 8 paolos por el cuarto, 6 por comida, 2 por el fuego, 5 por el servidor y 6 por la góndola a un hombre solo, pues siempre que se quiere aumentar otro se encuentra inmediatamente. Después de haberme vestido, reposado un poco y comido, tomé la góndola (que es el único carruaje que aquí se usa) y fui a distribuir las cartas de recomendación que traía a don Ignacio López de Ulloa —encargado de negocios de España—. A míster de Corradini, secretario de embajada del emperador: il *signore* Pietro Zaguri senatore amplísimo: il *signore* Angelo Quirini senatore amplísimo: il cavalieri don Pietro Rombenchi, el *signore* Francesco Georgio May: el *signore* Pietro Nutricio Grisogono cuya operación concluida me fui a una botillería a probar los helados venecianos y me sirvieron uno de marrasquin, con la fruta entera, muy bueno; mas la dicha botillería y todo su ajuar era sumamente puerca... informome el criado, sin embargo, que aquella era la mejor y no lo dudo pues había allí varios nobles al mismo tiempo que yo... de aquí pasé al teatro de San Benedetto, donde vi una opera seria malísima que me molió el alma y la paciencia hasta cerca de medianoche que concluyó... qué teatrazos y qué populacho, siempre es necesario tomar un palco, que al menos cuesta 5 paulos porque al patio no se puede ir absolutamente.

13

Temprano recibí un recado del *signore* senator Zaguri en que me convidaba a ir a ver el senado, etc. que en este día se juntaba por la primera vez después de vacaciones y que habría gran concurso... acepté efectivamente y a eso de las diez me hallé en el Palazzo Ducale acompañado del dependiente suyo que me envió... él mismo vino luego a recibirme y hacerme pasear por todas las salas y apartamentos de dicho palacio en que se notan muy buenas pinturas de Tiziano, Paolo Veronese, Tintoretto, Frans, Zuccari, etc. en los que sirven para tribunal de varios magistrados, se ven alrededor y por todas partes unos mascarones de león embutidos en la pared con la boca abierta y varias inscripciones que denotan la *Denuntie Secrette* para que son... ¡medio vil e indigno de un tribunal de justicia!... en la sala del *maggior consiglio* que es sumamente grande hay muy buenas pinturas a fresco, mas están maltratadas del polvo y la humedad, o a mala luz de modo que algunas casi no se ven: la que está sobre el trono del Doge, representando la gloria celeste con un sin número de predestinados; obra vastísima y singular de Tintoretto; me parece la más bien conservada. En los apartamentos inmediatos está el que sirve para el *consiglio di 3* o la terrible Inquisición de Estado; donde nada se nota de particular, más que una mesa, sillas tres y tintero. En el que sirve de paso entre este y el del gran consiglio, se nota un cuadro curiosísimo de los Sueños de un pintor (cuyo nombre me dijo Zaguri y yo no me acuerdo) en Inglaterra vi una copia in the Auction-Room of míster Christi, in Pall-Mall y a mí se me preguntó si sabía lo que significaba, porque no se podía adquirir noticia. Por aquí encontramos dos franceses abogados del parlamento de París que se nos unieron y fue preciso soportarlos porque no tenían nadie que los dirigiese... Llegada la hora de comenzar la sesión se nos dio asiento en un banco alto que está arrimado a la pared en el conmedio de la sala y es el puesto destinado para los forasteros de distinción concluido que hubieron la nominación por votos de algunos cargos públicos; pasó el Doge al apartamento inmediato (creo es el eccelso Consiglio di Dieci) donde sentaban aún los caballeros de l'Stola d'oro (por una estola con galón de oro que llevan al cuello) que son los que han servido a la república en embajadas... y habiéndose confirmado allí por balotaje la elección antecedente el Doge retornó al Gran Consiglio y allí se publicó la elección confirmativa de los sujetos nominados anteriormente; el señor Labia fue uno de los electos para Podestá di Bresbia... en todas estas asambleas nada se discute; y solo reduce a balotar el todo... unos niños, o muchachos pobremente vestidos de los hospitales de caridad llevan la caseta por toda la sala y cada miembro mete su voto, que después el niño lleva en la caseta al secretario o sabios que se sientan con inmediación al trono del Doge y allí se ve por quien está la elección. En todas estas asambleas reina más bien la forma que el orden; pues todo el mundo habla constantemente y está en continuo movimiento de una parte a otra... nada de aquella formalidad que se nota en las asambleas y senado británico. En fin a mí no se me figuraba otra cosa que ver el despotismo disfrazado de peluca y roba negra, pasearse por allí en la numerosa progenie de más de 500 familias que en el día lo representan en esta arruinada república... uno de los varios nobles a quienes me presentó Zaguri, se esforzaba en probarme la bondad y probidad del gobierno, en que él andaba vestido como el más común artesano y dedicaba su tiempo al servicio público gratis... ¡buena añagaza para quien conozca poco estas cosas! En fin todo esto concluyó a las dos de la tarde y yo me despedí de Zaguri que fue a soltar la peluca y ponerse de petimetre en máscara que es el costume; quedando de que nos veríamos por la tarde en un conservatorio... Después de haber comido tuve la visita del señor abate don Esteban de Arteaga madrileño, ex-jesuita español, a quien envió Ulloa, para que me cumplimentase, pues él se hallaba sumamente ocupado en hacer compañía al señor de Moñino que acababa de llegar de Florencia (hermano del ministro conde de Florida Blanca) y estaba nombrado para suceder al marqués de Squillace que venía de morir embajador de España en esta capital. Fuimos juntos al hospital d'i Mendicanti donde me dio randebu Zaguri y allí hallamos muchas gentes que habían ido igualmente para oír la música que de una tribuna alta se eleva del lado derecho al conmedio de la iglesia, cubierta de celosías, sale con bastante claridad. Esta es una especie de *oratori*, o concierto espiritual que dan las muchachas recogidas en dicho hospital, que sacan al mismo tiempo el producto de medio paolo por cada silla que se ocupa en la iglesia por los concurrentes; y sirve ciertamente de estímulo y adelanto a la música; habiendo, además, otras instituciones de la propia especie en la ciudad, mas éste se tiene por el mejor de todos... Ésta es la única pública diversión que se puede gozar por la tarde en Venecia, pues ni hay lugar cómodo donde pasearse en invierno, ni espectáculo público alguno. Concluido esto que no estuvo del todo malo, nos dirigimos a la Piaza di San Marco y entramos en el mejor café a tomar una taza, etc. este estaba lleno de nobles en *bastta*[1] que concurren siempre por aquellos alrededores. El café era bueno, más la *botega* y sus muebles muy poca cosa y aun desaseados. De aquí fuimos a hacer una visita y ser presentado a la condesa Isabel Teotochi Marini, griega de extracción, muy bien parecida e instruida; y a su marido il *signore* Carlos Marini de la audiencia civil donde conocí y traté igualmente a los S. S. Lauro Quirini de la audiencia criminale; il *signore* Francesco Soranzo de l'estesa audiencia criminal, etc. gentes todas de alguna literatura y que se reunían aquí como a una de las pocas sociedades que hay en la ciudad hasta la hora de andar al casino, o al teatro que son las nueve. Pasóse el tiempo agradablemente hablando del mérito de la literatura griega, etc. acompañé después a madame, hasta su casino en Piazza di San Marco y yo me fui al teatro con mi abate, que justamente ha publicado una obra con *sequito d'il theatro musical*, habla mucho de música y esto contribuyó no poco a

1 Sic.

hacerme soportar las bufonerías e indecencias del espectáculo de S. Casan, que concluyó casi a medianoche.

14
Temprano vino a buscarme il *signore* N... Lese, *senatore* amplísimo, que es uno de los tres *proveditori*, que gobiernan el *arsenal*, para llevarme a ver este soberbio magnífico edificio, que seguramente merece la primera atención de un viajante. A las nueve ya estábamos allá y después de haber observado las dos famosas estatuas colosales griegas que están a la puerta representando dos leones, traídas aquí de Atenas, entramos en el arsenal... donde paseando por aquí y por allí vimos las fundiciones de la artillería, anclas, manufactura de Gúmenas, velas, motones y finalmente cuanto es necesario para la perfecta construcción y aparejo de una nave de guerra... Las *Salle Nuove* que son el depósito de las armas y hay suficientes para armar 30.000 hombres, están dispuestas con gusto y aseo... aquí nos sirvieron Colazione de limonada, chocolatada, café e Viscolti, siendo el uso de obsequiar aquí con magníficos almuerzos los príncipes forasteros que visitan el arsenal, luego pasamos a visitar las gradas cubiertas que son magníficas verdaderamente y contendrán actualmente ochenta a veinte naves de guerra de todos portes. Noté asimismo que ponen la nave sobre la grada con la proa delante, de modo que es necesario que la boten siempre de proa; ninguno me dio la razón por que seguían este uso. Aquí se nos unieron dos oficiales de marina franceses, que estaban afectadamente vestidos a la inglesa y hablaban eternamente... comimos algunas ostras que se cogen en aquellas mismas dársenas y son verdaderamente de un gusto sumamente delicado, al Bucentoro finalmente que es por dónde se

concluye la visita al arsenal; un cicerone que allí había para manifestarlo y a quien se le da un sequino es lo más particular, pues con su hiperbólico lenguaje sorprende aun a los mismos que presencian el objeto... las decoraciones de esta barca son hechas con gusto y la distribución para el acomodo de las personas bien entendida. Trabajan continuamente en este arsenal cerca de 2.000 personas; y no sé verdaderamente qué es lo que hacen bien que cuando llegaba il *signore* Lese se ponían justamente a trabajar, soltando los instrumentos inmediatamente que nos retirábamos. ¡Así sucede siempre que se trabaja a jornal!... Las mujeres se admiten a trabajar en coser velas y están en cuartos separados de los de hombres. Tendrá 3 millas de circunferencia este arsenal y todo está circundado de altos muros y torres como una fortaleza, cuya entrada es solo por dos puertas contiguas, que la una sirve para la gente que entra a pie y la otra para introducir, o sacar las naves, maderas, etc. por agua. Este monumento solo manifiesta el grandor y poder marítimo a que llegó esta célebre república en otro tiempo. Concluido, pagué mi otro sequino a la puerta y dando muchas gracias al *signore* Lese y despidiéndome de los franceses, me fui a casa a vestirme, siendo ya hora de comer. Por la tarde estuve con Zaguri a ver tocar y cantar las mismas muchachas *d'i mendicanti* más interiormente en una sala del convento, donde vimos una gran porción de las doncellas que allí hay y principalmente las dos famosas cantarinas, una de las cuales era muy bien parecida y según supe después por un retrato que me mostró Zaguri, ha sido su querida por algún tiempo y vivido con ella cuando estaba fuera... Esto concluyó al anochecer y no estuvo mala la música. Zaguri se fue acompañando una demoisela de distinción, que asistió como nosotros al concierto y por su estado no tenía la pobre chichis veo. Yo pagué 2 sequines que comúnmente dejan a la puerta para las niñas los forasteros y que Zaguri tuvo buen cuidado de hacérmelo prevenir antes indirectamente por el criado; ¡mas él no dio nada! Por la noche estuve con Artiaga casa de la condesa Lusa, donde había varias otras damas con sus chichisveos y se pasó el tiempo agradablemente preguntándome las damas con suma curiosidad, varias cosas de la América, en que manifestaban su vivacidad y amable genio al mismo tiempo... tomamos nuestro café (que es el uso a todas horas, como en Turquía) y a las nueve y media nos fuimos al teatro di San Samuele, donde me fastidié bastante con las tonterías e indecencias del espectáculo, que aquel populacho hacía repetir hasta tres veces a cada paso... ¡mientras una bailarina nos enseñaba las nalgas, *point* de aplauso!

15

Temprano con mi cicerone a ver la nominada iglesia de San Marco, que no es más que un antiguo edificio gótico, con cinco cúpulas que se elevan en forma de una cruz y cinco puertas, que forman la perspectiva e ingreso de la fachada... el interior es vasto y sobrecargado de altares y mármoles sin ton ni son. ¡Habrá más de 500 columnas de calidad, color y módulos diferentes, traídas por la mayor parte de las ruinas preciosas de la Grecia; sin que por esto se vea allí un rasgo de arquitectura que llame la atención...! Las partes altas, techos, etc. están cubiertas de mosaicos de poco mérito; excepto el que representa un San Marco en vestido pontifical que se ve sobre la puerta mayor al entrar por el atrio de dicho templo y algún otro pequeño retazo. Se sube después a una galería descubierta a modo de ático que circuye los tres lados del edificio; y al medio sobre la puerta mayor se ven cuatro caballos de un bronce superfino (grandor del natural) que es la mejor de cuantas producciones del arte se ven por allí... ¡O qué bellísimas figuras, no se harta uno de verlas!... Estos se dice servían al famoso arco de Nerón en Roma (obra de Lisipo) de donde fueron transportados al hipódromo de Constantinopla; y de allí traídos aquí por los venecianos, que aseguran igualmente ser el material bronce mezclado con oro de un precio inestimable... Yo, sin embargo, le daría más estimación a su forma inimitable; que a la materia sea como se quiera... Mas por desgracia están en un punto de vista demasiado elevado; y en una situación, que ni aún montando al lado, se puede gozar de todos los hermosísimos profiles que presentan... En fin, están en el peor lugar que podía escogerse; mas basta que estén sobre San Marco. ¡O qué lástima!... De aquí pasamos al palacio ducal que está contiguo y es un antiguo majestuoso palacio, en el gusto llamado gótico. Se observan en el *cortile*, o patio, que es espacioso, dos bellísimas estatuas griegas, entre otras; una con toga que se cree ser la de Cicerón que estaba sobre la puerta del estudio de Atenas y la otra con palio que parece de Marco Aurelio. Más adelante se encuentra una gran escala de mármol blanco toda llamada *dei Giganti*, por dos estatuas colosales de Marte y Neptuno, en mármol, que se elevan sobre su plano alto. Al pie hay dos pedestales en que posan dos cestas de nísperos, emblema del cuidado con que, se debe madurar la patricia juventud... Por aquí se sube igualmente a los apartamentos del Doge que por favor y dinero me permitieron ver justamente cuando se iba a servir la mesa... notándose una suma moderación en la fornitura interior; y mezquindad en su mesa, que aun estaba puesta con negligencia y poco aseo... ¡El más inferior negociante inglés la tendrá seguramente con más gusto y aseo! En la sala primera se nota un buen retrato suyo de cuerpo entero, con una guarnición dorada de exquisita talla. ¡Al salir de aquí choca verdaderamente y ofende a la delicadeza, la porquería, orines y mierda que se encuentra en corredores, rincones, escalas y por todas partes!... defecto precisamente de la educación nacional. De aquí pasamos a la *Libreria Pubblica* que está inmediata y su exterior es una de las más hermosas piezas de arquitectura que en dicha ciudad se ven... el diseño es del Sansovino. Se sube por una muy buena escala y se entra luego en el atrio de dicha biblioteca, que puede muy bien llamarse un museo de estatuas, bustos, bajorrelieves, aras, inscripciones, etc. ¡Entre ellos se distinguen las estatuas de Sileno, Agripina, Flora y particularmente una Leda con el cisne!... Sobre la puerta hay un hermosísimo bajorrelieve representante el sacrificio llamado Suovetaurilia, de tres animales que se inmolaban: un puerco, un carnero y un toro, sumamente instructivo, dos aras triangulares de exquisito trabajo. ¡Mas sobre todo un Ganímedes llevado por un águila que se cree obra de Filias, seguramente es uno de los más bellos mármoles que nos quedan del genio griego y la expresión de la cabeza del águila, que con alegría considera el rostro de Ganímedes, es inimitable! En el gran salón y otro contiguo se observan los libros muy bien ordenados en sus armarios; se me informó que el número de estampados ascendía a 24.000 volúmenes y el de manuscritos a 1.500. Tuve el gusto de ver el en que está la Historia del Consilio de Trento, de puño del famoso Fra Paolo Sarpi. De aquí bajamos al muelle frente la Plaza de San Marco, donde están las dos columnas famosas de granito oriental, todas de un pedazo y las mayores que he visto de su especie. Son bellísimas; y es lástima que no sean iguales... Estas fueron traídas de la Grecia y la tercera se les cayó al agua al tiempo de desembarcarla en Venecia, sin que tuvieran habilidad para sacarla. Aun estas dos estuvieron muchos años por tierra, hasta que un arquitecto lombardo (Barattiero) las alzó finalmente... ¡Válgame Dios qué porquería! pues para acercarse a examinar estas hermosas moles, es necesario encenagarse en la mier... ¡que cubre sus pedestales, como si no hubiese otro lugar más a propósito para ello! De aquí seguimos hacia el muelle *de gli Schiavoni* que construyen al presente y formará seguramente el paseo mejor de Venecia, se pasa antes sobre *il Ponte della Paglia*, que es muy gracioso; y pegado están *Le Prigione Nuove*, ¡excelente y magnífico edificio! ambos del Sansovino. A comer y después tomé mi lección de lengua italiana, con un maestro que ha estado en Inglaterra y habla muy bien el inglés, conoce el país y me informa de muchas cosas juiciosamente. Al anochecer estuve a ver una cortesana que vive inmediato; pagué 2 sequinos y nada observé de aquel lujo y elegancia que se dice poseían aquí estas gentes en otro tiempo... Por las calles va uno de día y de noche y le llaman *mie vicere* de todas partes; mas el aspecto indica la bajeza del sujeto. Luego a San Moysé donde más bien por instruirme que por gusto aguanté el espectáculo hasta las once. ¡La prima donna, con el aire más obsceno que puede imaginarse decía *restringete, baciate,* o qué gusto!... Todos aplaudían y el paso se hacía repetir hasta tres veces. Las bailarinas, por consiguiente y todo el mundo estaba así contento.

16

Temprano a ver la nominada torre, o *Campanile* de San Marco, que es muy buen edificio en su especie. Se sube por una rampa espaciosa y cómoda (no faltan, sin embargo, sus cagadas) y de su altura se logra una vista completa de Venecia, sus islas y parajes adyacentes... Después de haber gozado bien esta hermosa perspectiva en un día sereno y claro y haber visto *I Mori* (que son dos estatuas de bronce representando dos negros) en la torre *dell'orologio* que está enfrente, tocar las horas con sus largos martillos; bajamos a la plaza a ver la *Chiesa di San Geminiano*, que está en el centro de la fachada opuesta a San Marcos y aunque pequeña, es el más elegante rasgo de arquitectura del Sansovino que se ve en Venecia. Esta *Piazza di San Marco* tan renombrada, es seguramente una de las más bellas de Europa; contribuyendo a hacerla más agradable el gran concurso de gentes que continuamente hay en ella, por ser el único paseo y al mismo tiempo centro de todos los negocios de esta capital. De la parte del campanario esta *Le Procuratie Nuove* que es una serie de nueve palacios iguales, de muy buena arquitectura, con pórticos debajo para la comodidad de las gentes y enfrente *Le Procuratie Vecchie*, con iguales pórticos debajo; y hay en ellas muchos casinos de la nobleza, embajadores, etc. delante de la gran iglesia están tres pedestales de bronce, en que se encajan las altísimas varas, o árboles de los tres estandartes; que son trabajados con muy buen gusto. De aquí pasamos al famoso *Ponte di Rialto*, que está sobre el canal grande, hecho todo de mármol blanco; y es seguramente uno de los más valientes y elegantes rasgos de arquitectura que, se pueden ver en el mundo... ¡O cuánto place su vista, mirado del centro del canal!... ¡Encima hay dos órdenes de tiendas también, de mármol, cubiertas a bóveda; que forman una calle espaciosa en el centro y dos más angostas a los lados, cubiertas de una hermosa balaustrada de mármol, para el pase con toda comodidad de cuantas gentes vayan y vengan; excelente disposición! ¡Mas quién lo creyera!... ¡Ambos estos últimos pasajes están tan llenos de mi... que me fue imposible pasar por ellos, a examinar con prolijidad este soberbio edificio! Por la tarde tuve mi maestro de lengua; y después la visita de Zaguri que me citó al teatro para presentarme a una dama de mérito. Efectivamente fui con el abate Arteaga a San Salvador y allí, encontré mi amigo que me presentó en su parco a una dama joven no mal parecida, que como todas las demás estaba en máscara; esto es un sombrero montado a lo militar y cocarda... Yo tomé mi asiento inmediato al frente y el abate también vino después... Cuando por la conversación descubrí al fin que era una actriz llamada la Rici... yo me ruboré un poco, como no acostumbrado; mas después noté que este era alarde y que mi amigo me hacía en ello una gran fineza —en fin concluida la pieza fue menester dar el brazo a madame y conducirla a casa, donde entramos todos; hubo su poco de música, a que concurrió también el marido y yo dejando allí a Zaguri me retiré a casa a la una de la noche.

17
Temprano a ver las obras principales del famoso arquitecto Andrea Palladio, que es seguramente el artista más inminente de su especie en el Estado Veneto, ¡San Francesco della Vigna; Santa Lucia; Le Zitelle; son bellísimas piezas! ¡Mas il Redentore; y San Giorgio Maggiore son excelentes! Esta última sobre todo me parece su copo de obra... ¡Qué sencillez, qué majestad y qué elegancia al mismo tiempo reina por todo el edificio así interior como exteriormente! ¡El altar mayor isolado, que bellísimo efecto produce!... (El orden de la arquitectura es jónico me parece.) ¡Aun un claustro interior hecho por el mismo artista, todo de ladrillo, cuán bello es!... En el refectorio de estos frailes se ve un grande cuadro de Paolo Veronese que representa las *Nozze di Cana*, acaso el primero en mérito, de este célebre pintor (y fue el prime-

ro que compuso en Venecia y el más bien conservado). ¡No puede imaginarse una composición más amena y armoniosa; ni un colorido más bello y verdadero!... En un grupo de musicantes que alegran el convite están los retratos de los más célebres pintores de aquella esquela que vivían entonces: Ticiano que toca el violín, Tintoretto el violón, Bassan la flauta y él mismo la viola... ¡o qué bellísima cosa! En el jardín que podía ser hermosísimo, apenas se ve que han removido la tierra estos dervishes holgazanes; que poseen la isla más deliciosa de las setenta y dos que se dice componen Venecia... porquería no falta por los claustros. De aquí pasamos a la *Dogana di Mare*, que es muy buen edificio de mármol de G. Benoni. Sobre una pequeña torre está un globo y sobre este la estatua de la Fortuna que se cambia con el menor soplo del viento. Luego a la iglesia de San Zaccaria, en cuya sacristía está un excelente cuadro de Paolo Vernese, representante la Virgen con el niño, San José, San Jerónimo, San Francisco, Santa Catalina y San Juan Bautista... ¡que incongruidades! Por la tarde mi lección de italiano y después la visita de una buena moza llamada la *Signora Marina*, que me procuró el sastre y es sujeto de mérito... con cuanta gracia y buen gusto llevan aquí la mantilla las mujeres; formando como un manto liado a la cintura que las cubre y no embaraza para nada, después a San Angelo, donde se concluyó teatralmente la noche, como es costumbre en el país.

18

A ver varias iglesias por aquí y por allí en que observé lo siguiente un cuadro excelente del Ticiano representando San Pedro Mártir en *San Giovanni e Paolo* (se cree que es el primero de Venecia) y asimismo unos bajorrelieves en bronce y mármol muy buenos, en las capas *d'il Rosario* y de Santo Domingo, en la *Caritá*, la Resurrección de Lázaro de Leandro Basan, cuadro célebre y también el mausoleo del Doge Niccoló da Ponte de muy buen gusto. En San Simeone Piccolo, el atrio, o pórtico, en que se ha procurado imitar con gusto la nobleza del atrio que se ve en Roma; el interior de la iglesia no vale nada. *Santa Maria della Salute* uno, o el más rico templo de Venecia, obra de Baldassare Longhena, arquitecto moderno; y exceptuando la escalinata, el resto sería suficiente a desagradar el buen gusto; como asimismo el Palazzo Pesaro, obra del mismo arquitecto y la rica *Chiesa dei Gesuiti*, hecha por L. Dardano,[2] otro que bien baila... ¡Válgame Dios, cómo es posible que teniendo delante de los ojos modelos como los que hay aquí, se ejecuten semejantes porquerías!... Véase aun en prueba la estatua equestre de Bartolomeo Colleone que está en la plaza de *San Giovanni e Paolo*... En una urna en esta iglesia se conserva la piel del famoso M. Bragadino, a quien Mustafá hizo desollar vivo por haber sostenido un largo asedio en Famagosta. En la *Scuola di San Rocco*, o *confraternitá* se observan muy buenas pinturas del Tintoretto y sobre todo un célebre gran cuadro de la *Crocelissione* que me parece el mejor que he visto de este famoso Pintor. En la *Scuola della Caritá*, un raro cuadro del Tiziano de la *Madonna che va al tempio*. En la iglesia *dei Servi*, se ve a los pies de un crucifijo que está sobre la estatua de la Magdalena en el altar de esta santa, el puñal con que fray Paolo fue herido por un asesino a tiempo que decía misa allí mismo, una mañana temprano... Se ven asimismo el sepulcro, retrato, biblioteca y celda en que vivió este célebre hombre en el propio convento. Comí con mi amigo Arteaga en mi posada; y por la noche estuvimos en un café de la Piazza di San Marco, donde no

---

2   En la actualidad se atribuye a Domenico Rossi. (N. del E.)

faltaban nobles ociosos y cantarinas que les musiqueaban a la puerta... luego a *San Giovanni Grisostomo*, que me es el último a ver de los siete teatros principales que hay en esta ciudad... tan malo e insoportable como todos los demás.

19

Temprano fue menester dar una paliza al criado, que tuvo la insolencia de quererme gobernar, diciendo a una moza que vino a buscarme, que yo no estaba en casa, porque esta no le quiso dar dineros; mas se engañó el picarón y llevó sus muy buenos palos a cuenta... Es increíble la sumisión y respecto conque desde entonces me sirven todos en la casa... ¡o infelices, que es necesario trataros mal para que sirvas bien! A las once estuve a hacer una visita a Zaguri, que aun estaba en la cama. Allí se peinan y reciben gentes hasta las doce que se levantan para ir al senado... luego a las put... después al teatro; y así del teatro al burdel y del burdel al teatro pasan la vida, tomamos café (que es el uso a todas horas del día) y yo me fui a recorrer algunos palacios con mi nuevo cicerone. Primero al Palazzo Barbarigo della Terrazza, a San Polo; aquí estaba la escuela del Tiziano; y entre los cuadros que allí se conservan de este ilustre Artista, resaltan un Venere, la Magdalena y una ninfa y sátiro, excelentes piezas. Palazzo Pisani Moretta a San Polo, se ve aquí el famoso cuadro de la *Familia de Darío* de Paolo Veronese, el más bien conservado que he visto... y ciertamente que ni el colorido, expresión, drapería, armonía, inteligencia del claroscuro, costume, etc. —¡se puede apetecer más; mas la cabeza de Alejandro me parece fuera de carácter!... y asimismo el de la muerte de Darío del *Piazzetta*, que está en otra sala igual y sirve de pendiente al antecedente... ¡Es imposible dar más valentía y fuerza de acción a una composición, que la que se admira en este hermosísimo cuadro! Lástima que los colores pierden cada día. Casa *Farsetti* a San Luca; aquí se observa una colección de copias en yeso la mayor parte, de los mejores mármoles antiguos que se hallan en Italia. Una copia del tamaño original del grotesco de Rafael y asimismo varias ruinas de antiguos edificios, hechos con suma propiedad en corcho y piedra pómez, de donde pudo muy bien tomar la idea monsieur Desbourg en su exhibición de edificios antiguos a *Spring Gardens Room in London*... Es cosa singular verdaderamente, el ver que en todos estos palacios apenas se encuentra una mesa, o silla en que sentarse; y nada de fornitura que indique el que sus dueños hacen uso de aquellas habitaciones. Bien que un veneciano jamás convida a comer y sus tertulias y juego se tiene siempre por la noche en el casino, que son dos o tres pequeños apartamentos que alquilan, por los contornos de la Piazza di San Marco y lo hacen revestir un poco... Lo cual me da sospecha de que son efectos de la decadencia y reducción en que ha decaído esta república. Por la tarde mi lección de italiano y luego a la cama con jaqueca, que me ataca siempre por la noche y me incomoda infinito... El amigo Arteaga vino, sin embargo y me trajo una lista de los ex jesuitas américo-españoles que están actualmente en Bolonia, cuyos nombres se puede recordar... este mismo me informa haber tratado aquí familiarmente al marqués de Squillace; y que era solo un hombre de muy mediana capacidad e instrucción.

20

Temprano tuve la visita de la *signora* Marina que llevó su buena ración y después me fui a visitar las manufacturas de cristal a la isla de Murano, *officinis vitrariis celeberri-*

ma como dicen; esta tiene setenta hornos y 1.100 hombres empleados diariamente; los alojamientos son infelices y los artífices hicieron una flor de varios colores en mi presencia para manifestar su habilidad, o lo que es más cierto para que les diese algo. Los mayores cristales de espejo son de cuatro pies, porque los hacen a soplo y así son más baratos. Como igualmente las cuentas y bujerías de cristal que ellos llaman *Coglioneria di Venezia*, en que consiste en el día su principal ramo de comercio en esta especie. Hay en esta isla un antiguo palazzo del Cavalieri Cornaro y dos colegios en que se enseñan las bellas letras a la juventud, dirigidos por frailes y clérigos. ¡Así irá ello!... vese la catedral, o iglesia principal, pues aquí reside el obispo de Torcello, por la salubridad del aire; nada se observa de particular. De vuelta a la ciudad en el almacén de cristales, que me enseñaron de buena voluntad, creyéndome negociante, ninguna pieza particular pude observar. En fin llena la idea de fábricas y cristales me fui a hacer visitas. Primero a Ulloa que me parece hombre de cortos alcances; y se esforzó en probarme la necesidad en que se halla uno del cuerpo diplomático a vivir amancebado en gracia de Dios en aquel país; pues los nobles les huyen y entre ellos jamás hay armonía. Yo ya sabía que él mantenía su moza; y no hay duda que a un ignorante no le queda otro recurso. De aquí pasé en casa de mi banquero que me recibió con mucha civilidad y me dio 100 sequines que necesitaba, he perdido su nombre... Luego a despedirme de algunos otros que me visitaron y últimamente a la Bursa d'i Mercanti que son unos pórticos de la calle bastante puercos y allí encontré al *signore* May que me explicó todo... Luego a casa. Por la noche estuve en casa de la contessa Marini, hubo numerosa *conversazione*. Tratáronse asuntos literarios, en que tuve la dicha de convenir con madame; esta me hizo mis pequeñas finezas al tomar el café y después al darle el brazo para acompañarla al casino... De modo que no faltó ya quien me felicitase a la oreja y augurase bien si yo retornaba a Venecia; mas por mi desgracia (y para tranquilidad del *Cavalier Servente*) era menester partir al día siguiente. El marido me hizo infinitas expresiones y ella me ofreció una carta para su familia en Cefalonia (es de extracción griega) por si tocase por allí, algunas de estas damas son sumamente amables y juiciosas; y se conforman con las costumbres del país porque es indispensable... Una dama viuda o casada, no puede decentemente presentarse en público sin un *Cavalier Servente* que la acompañe; y esta unión es más riesgosa de disolver sin graves razones, que el matrimonio. ¡Y de aquí la necesidad del *cicisbeo*!... Algunas otras cometen acciones absolutamente incompatibles con su dignidad y decoro. Por ejemplo... la *signora Cecilia Zen Tron de San Stae* de una las primeras familias de esta ciudad, en ocasión de hallarse aquí de paso hace poco, el duque y duquesa de Curlandia y no encontrar estos un pareo por ser grande el concurso aquella noche, ella les hizo alquilar el suyo por 80 sequines y se montó en un tercero, donde estuvo públicamente viendo la fiesta aquella noche. Nadie, sin embargo, le ha hecho una marca de desprecio por ello. Una otra grande incongruidad de Venecia es, que siendo casi indispensable para la seguridad de andar sin riesgo por aquellos canales de noche, el que hubiese algún género de iluminación en las calles, todo está como boca de lobo... al mismo tiempo que centenares de lámparas arden de día y de noche en los templos, para emporcarlos todos y arruinar las más célebres obras de arte (particularmente la pintura) que ya muchas no se distinguen absolutamente. Llega la población de Venecia según dicen, compresas las islas a 160.000 habitantes.

Diciembre de de 1785

19

En fin temprano seguimos nuestra ruta y llegando sobre Monte Morello se descubre Florencia y sus contornos que es una vista hermosísima, todos montezuelos cubiertos de olivares y viñas que no hay un palmo inculto, con infinidad de casas de campo y vistas deliciosas por todas partes. En las puertas de la ciudad fuimos visitados con más impertinencia aun que en la frontera y al mediodía tomé mi alojamiento en la Aquila Nera, pagando 15 paulos por alojamiento, fuego y comida... no hay teatro ni diversión alguna (aun las putas están prohibidas) con que quedarse en casa... algo mal de salud.

20

¡Mi cicerone en mano y a la gran galería! o ¡qué bella y magnífica colección!... yo hice más que pasar una revista superficial con la compañía que por allí había y prepararme para su examen profundamente, luego al Palazzo Pitti que es la habitación principal del duque. Su arquitectura aunque rústica es buena, de una solidez que impone y el todo magnífico. Su interior guarnecido de excelentes pinturas y se admira entre ellas más, la *Madonna della Seggiola*, de Rafael, retrato de Paulo III del Ticiano, *Madonna di Andrea d'il Sito*, dos mesas de una composición que imita el mármol de bellísimo gusto; y varios mármoles *d'Spagna* que hacen la mejor figura aun entre las mejores de Italia... El jardín que por su situación anfiteatral y decoración de fuentes, numerosidad de estatuas, etc. puede con razón llamarse uno de los mejores y de más buen gusto... extensivo al mismo tiempo pajarera, orangería, con todos sus apendajes... y a casa cargadísima la testa...

21 y 22
No levanté la cabeza de la cama y fui obligado a llamar un doctor que me hechó unas ventosas secas y por fin me hallé mejor (4 paulos por visita fue larga paga). ¡O cuán necesaria es la salud para todo!...

23
A la galería donde comencé con la amistad y buen modo M. Soto director il *signore* Gaelano Bastianelli a examinarle científicamente los dos solos comenzando a las nueve de la mañana y concluyendo a la una... ¡O tribuna y qué belleza del arte no contiene! Luego al Poggio-imperiale que es una casa de campo a una y media milla de la ciudad; comanda una vista hermosísima por sus contornos y no le faltan bustos, pinturas, etc. como a todos por este país. La sala *d'il ballo* es bella y la habitación que tiene numerosísima... se sube y baja por una calle hermosa de árboles que comienza desde la Porta-Romana de la ciudad hasta dicho palacio. Luego la Chiesa di Spirito que es buena arquitectura y sostenida interiormente por sesenta y cuatro columnas isoladas, todas de una pieza; no le faltan sus pinturas razonables.

24
¡A la galería temprano y con mi mentor tomé una sabia e instructiva lección de aquellas excelentes antigüedades, hasta

la una que se cierra dicho museo! Después a dar un paseo por la ciudad y ver sus cuatro puentes: el de Santa Trinita formado sobre tres arcos ovales es el mejor, uno de los más bonitos que pueden verse por sus proporciones y valentía de sus arcos. A la manufactura de mármoles de Pietro Pisani, que se dirige a copiar los mejores bustos y piezas de escultura de la galería ya en grande, ya en pequeño y a precios razonables; por una Venus de Médicis en mármol que tenía ya desbastada y me dice podría concluir dentro de seis meses, me pidió 200 sequines: un busto de Julio César, 40, etc. A ver las puertas de bronce *di San Giovanni Batista*, que son una maravilla seguramente y las de mejor gusto que yo he visto jamás; el nombre del artífice está escrito sobre la principal Lorenzo Ghiberti y se dice que preguntado Michelangelo, sobre el mérito de dicha obra respondió que merecían ser aquellas del paraíso... bellísima ejecución por cierto.

25
Todo el día en cama, pues un dolor reumático que me ha cogido la frente no me deja abrir los ojos.

26
A la galería temprano y con mi amigo tomamos una buena panzada de erudición antigua. Luego la torre del Duomo, que por su estructura (toda de mármol) y altura es famosa, desde el tope logré una vista completa y hermosísima de toda la ciudad y su circunferencia. La catedral es oscura y de una arquitectura gótica y vasta extensión. Algunas otras iglesias

visité en que solo se notan superfluidad de adornos y gastos injuiciosos al fanatismo de sus creyentes.

27

A mi última visita a la galería y de mi buen amigo... ¡o tribuna admirabilísima! que solo tú merecerías el que se viniese a Florencia... Las estatuas son La Venus, il Rotatore, el Apolo, los Luchadores, el Fauno que toca los címbalos; pinturas el San Juan de Rafael, la Venus del Tiziano; un cuadro de Andrea del Sarto; Endimión que duerme, del Guercino, etc. En dos piezas anteriores, un Cupido dormido y Ganímedes con un aguilonsito en mano, Psique y el amor y dos relieves que manifiesta el uno el manto ensangrentado de César que se expone al pueblo y el otro su testamento que se lee al público, etc. —camafeos riquísimos en que se admira igualmente que el arte, el lujo antiguo; que después eclipsó en este ramo los diamantes y piedras preciosas del oriente, colección de retratos de los más famosos pintores hechos por ellos mismos: brilla entre ellos el de Vander Werf y no así el de Mengs y Sir Joshua Reynolds, que están en el centro al lado de Rafael (por cumplimiento supongo); estatua del hermafrodita, buena. Salón donde está toda la familia de Niobe, monumento que bastaría solo para acreditar el talento y buen gusto de los escultores de la Grecia, que paños y que efectos admirables, sin embargo, de que varias partes que faltaban se han suplido por los modernos inferiores; como sucede también por desgracia a la Venus, cuya estatua estaba quebrada en treinta y dos piezas que se han reunido después; y la cabeza es de todas sus partes la que más ha sufrido; ídolos y utensilios antiguos, armas, coronas, murales, etc. y el famoso Mercurio en bronce de Juan de Bologna, ¡que me parece de cuanto han hecho los modernos en este género, aproxima más al antiguo! ¡Parece que vuela verdaderamente! Un vaso de mármol que tendrá más de 5 pies de alto, es por su elegante forma y grandor el mejor que he visto: como asimismo un Príapo antiguo de más de 3 pies, sobre las robustas piernas de un león. La colección de retratos de hombres ilustres que circuye todo el alto de la galería; y serie de bustos de los emperadores, particularmente los de Marco Aurelio, César, Caracalla, etc. son dignos de observarse. Al Hospital principal de San Ygilio uno de los mejores y más aseados y bien servidos que he visto. Tiene una parte para hombres y otra para mujeres; y es particular que la parte en que estas son sirvientes, no está más aseada que la de los hombres. La cocina merece ser vista, por su buena y muy particular construcción, obra de un boticario de aquí. Hay en el día 600 enfermos de ambos sexos y puede admitir hasta 1.200. *Cappelle medicee*, que no está concluida la mitad aún, es riquísima en mármoles y pedrería pero no me parece que brilla el gusto; excepto en las urnas y dos en particular que son solo de un pedazo de granito de Persia; ¡bellísimo por cierto! En la bóveda se ven apenas una estatua de Michelangelo y otra de Juan de Bolonia (*Cristo y su madre*), que parecen de mucho mérito. A ver algunos palacios, que además de algunos buenos cuadros por aquí y por allí, nada ofrecen de remarcable. Por la noche al Teatro de la Pergola, que es el principal; no observé un actor de mérito; bastante gente y cicisbeos en todos los parcos de la nobleza.

28

Al *Gabinetto di Fisica*, o de historia natural; la obra de cera en que se manifiesta la anatomía del cuerpo humano es de la más brillante ejecución y lo mejor que quiera verse en su especie, el resto así así y la colección de conchas y de simientes, madera y raíz de árboles parece lo más completo; un abate que tomó la dirección de la compañía, obligándome a reñir fue causa de que nadie de los que íbamos lo examinase con atención... es bueno, sin embargo. A la academia de pintura, grabado, escultura y arquitectura, donde se instruye la juventud en estas bellas artes; tienen buena colección de modelos en estatuas y bustos y asimismo se ven en la gran sala, un modelo de Liorna, del Lazareto de esta y de la isla y puerto de Porto Ferrayo. Al Palazzo Riccardi que es el mejor de todos los que se observan por aquí, así en arquitectura, pintura, etc. En el comedor bajo hay una especie de museo lapidario y la gran galería tiene uno de los más hermosos y bien historiados plafones que quieran verse, obra de Lucas Jordan y me parece la mejor que he visto suya; hay en la misma también una colección de camafeos y joyas y en los apartamentos interiores algunas buenas pinturas. Por la noche al Teatro Nuovo, el segundo en orden; se dio una comedia por actores de ninguna habilidad y todo estaba lleno de lucido acompañamiento. Entre las damas distinguíanse por su buen parecer madame Dini; madame Benturi (que era una actriz francesa de París y vínose aquí para que el marido que es noble se casase con ella, como se lo había prometido allá en París); Lary Cooper (mujer de este Lord que hace ya veinticuatro años que vive aquí), etc. La ciudad es bonita y más limpia que las otras que llevo vistas de Italia; no tiene pórticos pero las calles están todas empedradas muy bien con lajas y limpias siempre. Su población se dice llega, a 92.000 habitantes, exagerado parece. Tiene buenas fuentes y estatuas que la decoran por todas partes, una de Juan de Bolonia que está cerca de mi habitación es de mucho mérito, representa un centauro abatido a tierra por Hércules (de mármol). El comercio parece que florece por la actividad mayor que se nota en el pueblo y buena vestimenta que llevan. Teatros cinco por lo menos.

30
Temprano a visitar la Biblioteca Medicea Laurenziana que contiene 7.000 volúmenes de manuscritos raros, la mayor parte de estos están atados con cadenas de hierro a los atriles en que reposan donde los pueden ver con comodidad los que gusten. Tuve el gusto de ver los escritos de Maquiavelo, todos de su propio puño (muy buena letra por cierto) y también los de Petrarca, un Virgilio del V siglo, con la nota de un cónsul romano, de estar corregido (en pergamino) y algunos evangelios de excelente carácter griego todo en otro fino y tan bien trabajado que parece hecho ayer. A la Academia Florentina (nombre que tiene ahora la de la Crusca) que se junta en la Librería Magliabechiana todos los jueves. Tiene esta librería 100.000 volúmenes y fue formada por un hombre de este nombre, cuya profesión era platero y el cardenal de Médici, observando cuando pasaba por su tienda que siempre, estaba aplicado a los libros lo animó y formó un literato ilustre, ejemplo que no se debe olvidar.

Enero de 1786

25

Al amanecer nos pusimos en marcha, por caminos tan malos como los antecedentes, mas de cuando en cuando se encuentran por contraste, algunos pedazos de 2 y 3 millas perfectamente conservados de la famosa Via Flaminia... aquí tuve ocasión de verificar cómo está compuesta de tres empedrados uno encima de otro; y el último es de una piedra durísima que traían de muy lejos, en forma casi piramidal, cuya base torna hacia la superficie del camino. Varios trabajadores se ocupaban en destruir este sólido-antiguo-monumento, para con las piedras que rompen a pico hacer cascajo para componer el camino moderno que está intransitable. A las diez llegamos a hacer alto a la *Storta mala Osteria* que está a una posta de Roma, donde comimos una fritada de huevos. De una altura inmediata se descubre el mar y la *Cupola di San Pietro*, que despierta en el viajante instruido las sublimes ideas de Roma antigua y de cuanto este país célebre ofrece de sorprendente... En fin después de mediodía partimos y a una milla más adelante se ve una torre rotonda antigua de mármol con bajorrelieves, elevada sobre una especie de pedestal moderno, que mi compañero llama el *Sepolcro di Nerone*, no sé con qué fundamento... Luego llegamos al deseado *Ponte Molle* antiguamente *Pons Aemilius*[3] donde se pasa el Tíber renombrado, cuyas aguas están siempre turbias, de color coloradusco. Pasado este comenzamos a encontrar varias gentes en coche y a pie que habían salido por la puerta del *Popolo* a pasearse; y no faltaban cardenales con sus medias encarna-

---

3   Miranda confunde dos puentes distintos. (N. del E.)

das y vestido corto de terciopelo... Finalmente a las cuatro llegamos a la *Porta del Popolo*, antiguamente Porta Flaminia y ciertamente que ninguna ciudad de Europa tiene un ingreso tan bello y majestuoso como este. De aquí nos acompañó un guarda por toda la *Strada del Corso* a la *Dogana di terra* construida sobre el antiguo Templo de Antonino Pio del cual se conservan aún once grandes columnas de mármol caneladas que adornan la fachada, con sus arquitrabes (de un solo pedazo de mármol todos, friso, etc. de un bonísimo gusto)... ¡Aquí fue el diablo para dejarme pasar mis cofres, porque en ellos venían algunos libros, que no eran más que la descripción de varias ciudades de Italia que yo había comprado al paso no hubo remedio, era menester el permiso del comisario de la Inquisición para entregarlos!... En fin, un billete que se le escribió por el aduanero a dicho comisario que por fortuna estaba en casa, nos facilitó el permiso (que no dejó de costar 3 paolos para el chocolate al aduanero) y nos marchamos a buscar alojamiento siendo ya de noche. En una casa que mi compañero creía encontrarlo, no le había y así nos fue preciso tomarlo en una malísima posada por aquella noche.

26

Por la mañana fui a ver a mi Banquero il *signore* Giogia, quien me recibió con suma política y al instante me habló de materias políticas asegurándome con sinceridad que había conocido particularmente a Grimaldi y el parecía sujeto de muy inferior capacidad —que por Moñino y Azara era otra cosa—. En fin yo me marché a mis negocios habiendo tomado 50 sequines que necesitaba. Pasé por casa a soltar el peso y tomando un *Servitor di Piazza* que ya me había hecho buscar (por 4 paolos al día) marché a San Pietro... No me hizo este edificio a primera vista, aquella sublime impresión, que yo esperaba, pareciéndome que le faltaba majestad y sencillez... La Colota, sin embargo, el Obelisco y las dos fuentes no me parecían destituidas de estas dos cualidades y me agradaban mucho más. En fin, entre por *il Portico* y a la iglesia sorpreso de la grandeza,[4] y multitud de cosas que se agrupaban por todas partes, mas sin poder formar juicio y la imaginación llena de innumerables ideas que no podía digerir; y así después de haber paseado como en confuso toda la iglesia interiormente por tres horas de tiempo, me salí con ánimo de volver muchas veces a examinar el propio objeto. Fuime a la *Piazza di Spagna* para ver si podía encontrar un buen alojamiento; mas cuantos vi eran malos, o carísimos, por motivo de que en este paraje han tomado la manía de alojarse todos los extranjeros y los ingleses particularmente que han fomentado allí un café famoso, que se llama *il café inglese*... Finalmente me retiré a mi posada a comer a las tres, donde encontré a mi compañía que tampoco había podido encontrar nada bueno aún, mas después de comer se recordó de cierta persona y fuimos allá juntos; donde por fortuna encontramos muy buenas gentes, buen alojamiento con almuerzo, comida y cena y muy buen paraje todo por 8 paolos al día en casa de la *signora* Anna Manzoli *in Strada Papale vicino a Chiesa nuova*; en el mismo apartamento y sala que vivió Benedicto XIV cuando solo era un comisionado de la curia pontificia. Esto me fue de suma satisfacción y luego hice transportar el equipaje por mi criado, para salir de aquella maldita posada. En el ínterin nos fuimos a un café inmediato, que ciertamente es bastante aseado y muy bien pintado al fresco en el gusto del grotesco de Rafael, donde encontramos muy buena compañía y sociedad de gente literaria que forman su círculo, hasta que es

---

4   Grandar en el original. (N. del E.)

hora del teatro y admiten con gusto al forastero, que anuncia ser hombre de modo. A las siete marché a *Piazza di Spagna*, inmediato adonde está el teatro de Aliberti uno de los mayores y mejores que hay en Roma; y un telón que representaba la perspectiva de un pórtico con la gran escalera de un palacio, etc. Es uno de los mejores rasgos en su especie que lo he visto jamás. Entre los actores solo el soprano Rubinelli es de mérito, el resto no vale nada; y los bailes son insufribles, pues las mujeres son representadas por hombres que con calzones negros y de todos colores, hacen ver sus cochinas piernas que es una indecencia... En la representación sucede lo mismo y así da asco ver las damas, el gobierno no quiere, sin embargo, dejar montar las mujeres al teatro; como si los desórdenes que pueden resultar de la opuesta conducta no fuesen más infames A las once me retiré a casa, donde encontré mi cena, fuego y un magnífico lecho en que reposé con sumo descanso toda la noche.

27
Por la mañana me trajo mi chocolate a la cama la *signora* Anna; y cuando me hube levantado me presentó su familia y los huéspedes que tenía en casa y deseaban conocer al *signore* americano (yo pasaba por el coronel Martin de Mariland), una hija muy bien parecida de dieciséis años, la *signora* Mariucha; otra id. de doce, la *signora* Ellena, vivísima; un hijo de veintiséis años, canónigo regular en San Pietro in Vinculis, don Innocenzo Manzoli, amabilísimo; otro id. de veinticinco años, en San Felipe Neri, Fratel Michaele, de bellísima índole; otros dos aún que siguen el comercio y ninguna ayuda a esta pobre viuda, huéspedes don Juan Andrés Temes, español de unos treinta años que viaja y es muy estudioso; il *signore*

don Luigi Paderi, canónigo de Oristano en Cerdeña; y mi compañero cavalieri de la Planargia que también se acomodó como los otros pagando 4 paolos al día, sin almuerzo ni fuego. Dos sujetos más conocí aquella mañana el uno il *signore* Canonico don Rafaello Ruelle, amigo del *signore* don Innocenzo, sujeto digno; y don Thomas Belon ex jesuita español, amigo del señor don Juan... De modo que véame aquí en menos de veinticuatro horas con todos estos conocimientos apreciables, que me fueron de suma utilidad en lo sucesivo... por cuya razón me parece siempre este método preferible al de fijarse en una posada como hacen la mayor parte de forasteros. A las once me puse en marcha con mi cicerone; pasamos por *Piazza Navona*, que es la mayor de Roma y conserva la forma de un circo, que ella era antiguamente (*Circus Agonalis*) tiene tres fuentes en el medio, la que está en el centro es su mejor adorno y tal vez la más bella obra del Bernino, llamada la *Fontana Navona*. Cuatro ríos, el Danubio, el Ganges, el Nilo y La Plata se apoyan a un escollo, sobre el cual se elevan un pedestal y un obelisco de 73 palmos de altura (el mismo que estaba en el circo de Caracalla)... Toda esta máquina produce un bellísimo efecto, la escultura es excelente; y puede considerarse como una de las mejores cosas de Roma, lástima que no la tengan bien entretenida; y lástima aún que una plaza tan hermosa esté siempre tan puerca y mal empedrada. A la Rotonda, o sea, el antiguo panteón; el más hermoso resto de la magnificencia de la antigua Roma y el solo templo de romanos que se haya enteramente conservado; fue fabricado en tiempo de la república y dedicado a todos los dioses... El pórtico anuncia el grandor y majestad del edificio (superior seguramente al de San Pedro) y es lástima que no le podamos ver de un punto más bajo, pues las ruinas han elevado tanto el piso, que toda la gradería está enterrada. Este fue elevado por Agripa, yerno de Augusto como lo indica la inscripción latina que se lee sobre el arquitrabe; soportado por unas columnas de extraordinaria magnitud de granito oriental, enteras; y la cúpula que comparece por encima, agrada infinitamente.. Mas los dos campaniles que le encajó el Bernino, no vienen al caso absolutamente, el interior iluminado todo perfectamente por aquella claraboya de 38 palmos de diámetro, en la cúpula, sorprende verdaderamente; mas no agrada tanto... sea que el segundo orden de columnas no se acuerda con el primero; sea la cantidad de modernos altares que hay alrededor; o sea, finalmente el haberle despojado de la guarnición de bronce incrustado que cubrían los casones de la cúpula, en cuyo lugar se ha sustituido una lechada blanca, que seguramente disminuye la majestad del edificio y el acorde de los colores que entre sus diversas partes debía haber. Lo cierto es que uno conoce que falta cierta cosa y se sale disgustado... ¿Por qué no dejar cada cosa en su lugar? ¿A qué altares de santos, en un templo de gentiles? ¿A qué deshacer sus bellos ornamentos de bronce para fundir cañones inútiles, como si faltase hierro y cobre en el mundo? y ¿para qué enterrar veintiocho carretadas de reliquias bajo el altar mayor? Alrededor hay varios pequeños monumentos de hombres célebres en las bellas artes, entre otros de Annibale Carracci, di Tadeo Zuccheri de N. Mengs (hecho hacer por Azara) y del célebre Rafael, el mayor de todos los pintores cuyas obras conocemos, muerto a la edad de treinta y siete años solamente ¡qué infausta pérdida! Se monta sobre la cúpula por una escala triangular muy ingeniosa de 190 escalones; y se goza desde allí de la vista de casi toda la ciudad. Detrás de este templo estaban *Le Terme di Agrippa*, los primeros que se hicieron en Roma; de cuyas ruinas se ven algunos muros y una media sala rotonda. A las cuatro me retiré a comer, tuve la sociedad de la familia y pensionistas compañeros que me circundaron a conversación... Tomamos juntos café en la mejor doméstica sociedad; y después (como era viernes y en este día no se permite abrir ningún teatro), me fui con el *signore* Luigi a *Chiesa Nova* que está justamente al canto para gozar del Oratorio en música que se da todos los viernes por la noche en la capilla inmediata a la iglesia que llaman el Oratorio; aquí se toca y se canta muy buena música y se predica un sermón de media hora... En este ínterin nosotros fuimos con el favor de *Fratel Michaele* que nos obsequió mucho, a ver los apartamentos que están inmediatos a la Tribuna y sirven para sus juntas y recibimientos de personajes forasteros, que están muy decentemente alojados; y se nota aquí un trabajo de tinta roja sobre el mármol en varios cuadros muy graciosos, que es cosa particular; los claustros e interior del convento están sumamente aseados y muy bien edificados. Concluida la prédica siguió la música; y finalizada esta nos restituimos a casa, cerca de las diez, donde encontramos nuestra buena cena (no de Vigilia) y luego a la cama que mi buena *signora* Anna, me hace calentar muy bien *cha il Prette*.

28
Temprano (después de la *chocolata con pane fresco e butirro*) a la Certosa, o sea, Santa Maria degli Angeli. Este es un majestuoso templo, formado de una pequeña parte del *Terme di Dioclesiano* que el célebre Michelangelo sirviéndose de la gran sala que estaba más bien conservada y alguna otra parte adyacente dio la forma de una cruz griega y ha formado la más bella y majestuosa iglesia de Roma... ¡O qué agradable sorpresa cuando se entra en esta magnífica sala

decorada de sus propias columnas intactas de granito de soberbia magnitud (62 principal de altura) de las más excelentes pinturas; y de un riquísimo pavimento de mármol, donde se vela bellísima e ingeniosa meridiana que M. Francesco Bianchini delineó a principio de este siglo!... Muchos jefes de obra, cuyas copias en mosaico están en San Pedro, se ven aquí; *La Presentazione al Tempio*, dil Romaneli; il martirio de San Sebastiano, d'il Dominichino, il Baptessimo de Gesucbristo di Carlo Maratta; il gastigo de Anania e Sallira, d'il Cavalieri Roncalli; e il San Basilio di Subleyras, con varias bonísimas copias de otros cuadros di San Pietro; y uno excelente di Pompeo Battoni, representante la Caduta di Simon Mago. De modo que esta iglesia es aun una bellísima galería de pinturas y en mi opinión la más agradable de Roma, si exceptuamos San Pedro. Se entra en esta por una rotonda, que era un Calidario de bellísima proporción y aquí se observan dos sepulcros en nichos de muy buen gusto, el uno es de Salvator Rosa y el otro de Carlo Maratta, bien conocidos por sus obras. De aquí pasamos al claustro del convento, hecho también por diseño de Michelangelo y decorado de cien columnas que sostienen una galería en cuadro cubierta, donde se ve una numerosa colección de estampas desplegadas sobre las paredes. A San Ignazio, que en mi opinión es la cuarta iglesia de Roma, por la magnificencia y buen gusto de su arquitectura; fue terminada por los diseños del Dominichino y del P. Grazzi, jesuita... La fachada de compuesta de dos órdenes de columnas corintias y compositas, forma una grande y bella mole —el interior es aun mejor, decorado de pilastras caneladas y su cornisa corintia por todo el rededor que produce un bellísimo efecto. Mas la gran cúpula, que es fingida, parece un poco pequeña y las lunetas estrechas. Las pinturas a fresco de la bóveda y altar mayor y tribuna son del padre Pozzi jesuita... Las dos capillas del crucero son de la magnificencia mayor, cubiertas de los más ricos mármoles y columnas bellísimas de verde antico, en la de San Luis Gonzaga, que está a la derecha, se admira un excelente bajorrelieve de monsieur Le Gros, representante del dicho santo llevado al cielo por los ángeles, que es lo mejor que tengo visto de este célebre artista. Reposa el cuerpo de dicho santo bajo el mismo altar en una riquísima urna de lapislázuli el bajorrelieve de la capilla compañera representa *La Anunciación* (del Valle) más a vista del otro parece nada. Está pegado a la primera el magnífico monumento de Gregorio XV con la estatua del papa y dos otras en mármol del mismo Le Gros. De aquí se pasa al contiguo colegio romano que está unido a esta iglesia manejado antes por los jesuitas... Es un hermoso y magnífico edificio, con dos pórticos uno sobre otro, que forman un cuadrado espacioso y las clases están alrededor. Es el más numeroso de Roma y tiene treinta y dos profesores, hay una buena librería; y en las salas altas se conserva (bien trasinnado) el museo del célebre padre Kircher. San Andrea della Valle, iglesia grande y hermosa; la quinta en orden según mi parecer, de las de Roma. La fachada es una de las mejores que se pueden ver en esta capital; dos órdenes corintio y composito uno sobre del otro también la componen el interior tiene el mismo defecto que la antecedente, es que la cúpula parece demasiado pequeña... Esta está pintada por el Lanfranco y las lunetas por el Domenichino, vense en sus capillas varias otras buenas pinturas; bellos mármoles y excelentes rasgos de arquitectura y escultura particularmente en la de Strozzi hecha por Michelangelo. A casa fatigadísimo de la multitud de ideas. En fin comí con luz en la buena compañía de mi familia (que ya me consideraban como miembro) y después de tomar café, nos fuimos al teatro *il cavalieri* y yo...

a Argentina, el segundo en mi opinión de los de Roma; no pudimos sentarnos juntos porque había sumo concurso, mas nos hablábamos y bebimos nuestros sorbetes, una ópera en que solo el primer Bufo Bruni tenía mérito, nos molió hasta después de las once, con sus malditos bailarinas con calzones negros.

29
Chiesa del Gesú, que pertenecía a la casa profesa de los jesuitas; en mi concepto la sexta en orden de las de Roma y una de las más majestuosas y ricas de esta capital... El cardenal Farnese la hizo edificar por los diseños del Vignola y de Giacomo della Porta; La *Cappella* di Sant'Ignazio, que ocupa el fondo del crucero, dirigida por el padre Pozzi, es acaso ¡la más rica y soberbia del universo en su especie!... Todo lo demás parece pobre después. La estatua del Santo tiene 13 palmos de altura agrupada con tres ángeles, todo de plata maciza y obra de monsieur Le Gros. A casa a comer temprano para ir a gozar del paseo del Corso... Hicimos efectivamente llamar un coche (que nos costó 8 paolos *e due di buona mano*, son 10) para servirnos hasta el ave María. Y a las dos partimos il cavalieri *signore* Luigi, *signora* Elena y yo, a ver primo la célebre basílica de San Giovanni in Laterano, que es la sede del sumo pontífice y la prima iglesia de Roma y del mundo cristiano A. R.; fábrica y donativo de Constantino Magno según dicen; mas al presente no indica nada de esta antigüedad, ni de aquel gusto... La fachada principal se presenta noblemente; y aunque defectuosa en sus partes, el todo produce, sin embargo, un bellísimo efecto. El interior está tan lleno de columnas, estatuas, dorados, pinturas, estucos, capelas, etc. que más bien resulta una confusión sin

gusto, ni designio; ¡aunque hay muchas piezas en todo género excelentes! y este es un defecto que más o menos reina en todas las iglesias de Roma, sin exceptuar San Pietro. En el monumento a Clemente XII está una bellísima Urna antigua de Pórfido que subsistía bajo el pórtico del panteón; y su forma y sencillez en los adornos debían servir de modelo. En el Chiostro interior se observan algunas piezas antiguas y entre ellas dos sillas de piedra encarnada perforadas en el medio como un vidé antiguo, lo que ha dado fundamento sin duda a la historieta de examinar en ellas las p... bajas del papa. Aquí inmediato está el antiguo Palazzo Lateranense, en que habitaba primeramente el papa, mas después de Sixto V se ha fijado siempre en el Vaticano y Monte Cavallo, de modo que este ahora (aunque muy bueno) sirve de conservatorio, u hospicio para 250 doncellas pobres que laboran en seda. *Il Battistero di Constantino*, que está pegado, es una antiquísima iglesia también de forma octogonal, con ricos adornos. Ocho bellísimas columnas de *pórfido* que tienen 8 palmos de circunferencia y soportan la cúpula interior que cubre la fuente bautismal que está en el centro de la iglesia, son el mejor de todos. Inmediato en aquella plaza, frente a la calle que conduce a *Santa Maria Maggiore*, se eleva un famoso obelisco llamado *di San Giovanni in Laterano*. Este es todo de una pieza de granito rojo con jeroglíficos egipcios por las cuatro fases, de una ejecución sumamente delicada y es el mayor que se conoce... Su altura desde el nivel de la plaza llega a 204 palmos y Domenico Fontana lo elevó aquí en tiempo de Sixto V; quien lo quitó del circo Máximo a donde lo colocó Constantino, que lo hizo traer desde Tebas, en el alto Egipto. Otro magnífico obelisco de la misma especie se ve en el septentrión de dicha plaza, yacente en tierra y con un gran pedazo cortado a pico para formar como un banco en que sentarse (¡abrase visto barbaridad igual!...) Este estaba antiguamente en los jardines de Salustio y la principessa Ippolita Ludovisi, que es dueña de este terreno hoy día, la regaló a Clemente XII para que la elevase enfrente del gran pórtico *di San Giovanni in Laterano*... ¡Qué lástima que esta noble idea no se hubiese realizado! Inmediato sobre la propia plaza está la Scala Santa, célebre santuario en que Sixto V hizo poner veintiocho escalones de mármol blanco, los mismos dicen que estaban en la casa de Pilatos en Jerusalén y que J. C. subió en tiempo de su pasión... No se pueden montar sino de rodillas y están ya tan gastados de la multitud de devotos que los suben constantemente, que han puesto tablas encima que se pueden renovar y estorbarán la extinción absoluta de una reliquia tan preciosa. Hay, además, dos otras escalas al lado que se montan y bajan como se quiere y por ellas subimos nosotros (que estábamos deprisa y no acostumbrados a marchar de rodillas) al Santa Santorum que está encima, donde se venera una imagen del Salvador hecha, o comenzada por San Lucas y concluida... Por los ángeles que según lo que yo pude examinar, no me parece son tan buenos artistas como nosotros eternos, los S. S. angelitos. Se cree que la casa del emperador Marco Aurelio estaba aquí inmediata, pues la célebre estatua suya ecuestre que se ve en el Campidoglio, se encontró accidentalmente junto a la Scala Santa... o ¡qué sublimes pensamientos, esta sola idea no reclama, al hombre instruido y versado en la historia! En fin de aquí nos marchamos en nuestro coche al paseo, que estaba pleno a las cuatro. Los trenes eran buenos generalmente y los mejores en el gusto inglés que ellos prefieren; mas la sobrecarga de dos rangos de criados en librea detrás del coche y solo dos caballos, por lo común, al tiro, no me parece racional. Los criados de cardenales llevan por lo general una sombrilla encarnada, lo que distingue estos príncipes de la iglesia (como los romanos dicen) y les da el derecho de precedencia y atropellar por todas partes. El pretendiente que llaman (un viejo decaído) y su hija, que parece muy buena moza estaban allí. Como también *il Nipote* que es decirlo todo y este *signore* príncipe Regnante lleva más fausto y es más respetado y temido en Roma, que el emperador en Viena. Mas el que más me dio en visera por su pompa y vanidad, fue el embajador de Portugal... cuyo vestido (galoneado hasta por las costuras, como lacayo) equipaje y librea cargado todo de oro y plata más anunciaban la vanidad y la ignorancia, que la discreción y el buen juicio de dicho señor ministro. En fin al ave María nos retiramos, tomando de paso nuestros helados en el coche al arco de Carbognano en el Corso y estuve en casa hasta la hora del teatro, que en compañía del cavalieri fui a *Fordinona*, o *Palla Corda*, como se dice, este es el más concurrido por la gente inferior y puedo asegurar que vi varios espectadores que habían pagado sus 2, o 3 paolos a la puerta sin camisa bajo la chupa... Mas tal es el caso en esta ciudad, donde un infeliz venderá su única ropa y una mujer se prostituirá al primero para ir a esta disipación detestable. A las diez, me retiré a casa, sumamente convencido por la lección antecedente cuanto influye el ejemplo, ¡y la educación en la formación de un pueblo cualquiera!...

30

Temprano nos peinamos, etc. y fuimos il *signore* don Giovanni y don Luigi a almorzar a *San Pietro in Vincoli*, donde los S. S. canónigos Manzoli y Ruelle nos habían convidado, para enseñarme después todas las curiosidades que por allí se encontraban... En fin tomamos nuestra muy buena chocolata en la celda dil *signore* canónico Ruelle que es sujeto de todo garbo y después comenzamos por la librería, que es una pieza hermosísima y contiene su colección bastante numerosa de libros escogidos, muy bien impresos y encuadernados. Un señor abate que es el director me hizo observar algunas bellas ediciones de varios clásicos ingleses que ya tienen en aprecio. De aquí vayamos a la iglesia que se cree la más antigua de Roma, quemada en el incendio que se atribuye a Nerón... Está soportada por veintidós columnas antiguas orden dórico de mármol de Paros muy bien conservadas y de buen gusto, que se asimilan al alabastro y tienen casi 10 palmos de circunferencia. Los cuadros de santa Margarita y de san Pedro librado de la prisión por un ángel, obras de Guercino, ambos se distinguen entre otros muy estimados que se ven por allí... Pero lo que sobre todo llama la atención, es el mausoleo de Julio II, por Michelangelo, uno de los más célebres de toda la Italia (la arquitectura no está sin defectos) más la estatua colosal de Moisés, que está sentada sobre el sarcófago es seguramente el jefe de obra de su autor y, por consiguiente, de la moderna escultura —la barba es demasiado larga, sin embargo, mas la noble expresión y ¡la gran inteligencia y naturalidad con que están tratadas todas sus partes le dan una animación sorprendente!... o ¡qué majestad!... En fin no se harta uno de ver esta estatua y de desear, que estuviese colocada en la distancia que corresponde a su forma colosal... La cisterna que está en el patio del convento, aún merece ser vista por la graciosísima decoración que le puso el mismo Michelangelo. De aquí pasamos con provisión de hachones de cera a visitar los subterráneos de una huerta inmediata que cubre *le Terme di Tito* de los cuales se ven también muchas ruinas fuera de tierra, entre ellas las que llaman *le Sette Sale* y son nueve grandes bóvedas paralelas que parecen formaban una gran cisterna para conservar las aguas... Mas lo que merece particular atención es la parte interior de las que están soterradas, donde entramos con bastante dificultad y un buen guía, pues ello es un laberinto. Los pedazos de adorno que quedan aun, como son estucos, arabescos y otras pinturas a fresco son de la manera más grande y excelente que puede imaginarse... De aquí fue que Rafael con la asistencia del jardinero, robó el gusto y las ideas que representó en las logias del Vaticano y así se ven la mejor parte de dichos estucos y pinturas, arañadas y borradas expresamente. Lo que más sorprende es el ver la permanencia y frescura de estas pinturas tantos siglos bajo de tierra; al mismo tiempo que las copias de Rafael en el Vaticano están mucha parte indistinguibles (y es que el modo de preparar los colores no lo pudo robar)... ¡Unas salas están todas de azul, otras de encarnado, otras de negro, etc. y los adornos con tanta sencillez, gracia y economía aplicados encima que es un encanto! y sobre todo la vivacidad inimitable y suave de los colores... ¡Estos restos en mi concepto dan más perfecta idea del grandor, magnificencia y exquisito gusto por la pintura de los romanos en este género de edificios, que ningún otro monumento de la Italia! y sin lo que han querido formar opinión de la pintura antigua, parte las que se ven en el palacio de Portici en Nápoles, hubiesen examinado estas desde luego habrían hecho otro juicio. Concluida esta fatigosa aunque muy agradable excursión subterránea, nos despedimos de nuestros corteses canónigos y dirigimos nuestros pasos al celebérrimo anfiteatro de Flavio, llamado comúnmente *il Colosseo*. ¡Este seguramente es el más soberbio y más bien entendido edificio de quien conozcamos las ruinas!... La parte exterior, de quien más de la mitad está destruida, produce no obstante, el efecto más admirable y gustoso de cuantos edificios se pueden ver en Roma o en el mundo entero; véase de fuera, o dentro de la ciudad y en la distancia que se quiera. Su figura es elíptica, decorado externamente de cuatro órdenes de arquitectura dorio, jonio, corintio y composito, los tres primeros están en columnas embutidas cuasi por la mitad en el muro; y el cuarto de pilastras poco salientes, pero que sostienen, sin embargo, un cornisón valiente que termina noblemente la parte superior. Entre estas pilastras no hay sino pequeñas ventanas cuadradas; mas entre las columnas de los tres otros órdenes se ven ochenta arcos (antiguamente adornados de estatuas) que dan ingreso a un pórtico doble que corre por todo el rededor del edificio. La parte interna está casi toda destruida, mas, sin embargo, yo monté hasta su mayor altura, pudiendo formar juicio por el de Verona que justamente conserva las partes que a este le faltan... Se distinguen aun las escaleras, pórticos, gradas, canelones para desagüe de las orinas y alojamiento para las fieras, con sus bebederos de mármol; todo con poca diferencia como el de Verona, en gran forma. No se puede retener la indignación contra aquellos que han contribuido a destruir este insigne monumento del poder romano (Vespasiano lo hizo edificar aplicando 12.000 judíos, etc. y podía contener 107.000 espectadores, 20.000 en pie y los demás sentados) que los bárbaros mismos respetaron; para formarse con sus materiales palacios (el Farnese es uno) que no pueden parecer más que chozas en comparación del Coliseo. Donde estaba la arena, hay ahora un Via Crucis por remate de todo. Inmediato por la parte de afuera, están las ruinas de la fuente en que los gladiadores iban a lavarse, que se llamaba la meta sudante, porque tenía la forma de un límite, la agua que bajaba de encima la bañaba toda alrededor. Cerca también está el Arco di Constantino, que según la diferencia de adornos que en él se observa, hace inclinarse a la opinión de que este fue uno de los cuatro arcos del Foro de Trajano, transportado allí y encajándole una inscripción en honor de Constantino, con algunos adornos de mala manera que descubren el tiempo decadente en que los pusieron... Es sin embargo un bellísimo monumento y contiene excelentes obras en bajo relieve, etc. Las ocho hermosas figuras *dei Daci* que allí se ven descabezadas, lo fueron por el cardenal Leopoldo de' Medici... ¡A quién se podría atribuir una acción semejante! Después al Arco di Tito que no está muy distante conforme se llega a Campo Vaccino. Es este el monumento más antiguo de su especie que existe en Roma y acaso el más bien ejecutado y con mayor gusto de todos, aunque el más pequeño. Las dos columnas caneladas de orden corintio que soportan el entablamento, los bajorrelieves que con tanta inteligencia brillan por todas partes sin recargar la obra, son de una nobilísima manera; y sobre todo los dos que están bajo del arco, representantes el triunfo del emperador y el gran candelabro de oro a siete brazos, con otros despojos judíos; que acaso son los mejores que nos han quedado de la antigüedad. En fin, siendo ya cerca de la noche y mi cabeza tan llena de ideas sublimes y varias que no dejaban de producir repletitud en la imaginación. Nos fuimos a casa donde nuestra comida estaba ya aguardando y la buena sociedad del *signore* don Tomaso además, con quien comenzamos a discutir sobre las cosas vistas en el día, etc. hasta las diez que vino la cena; y a las once a la cama.

31

Con la imaginación llena toda la noche de cuantos hechos sublimes presenta la historia romana y particularmente de los ocurridos en la vida de Cicerón. Me levanté temprano para ir al célebre *Forum Romanum* donde se juntaban el senado y las asambleas del pueblo y donde este grande hombre tantas veces desplegaba los resortes de su elocuencia en las arengas inmortales suyas que nos quedan. En fin siguiendo del arco de Tito donde lo dejamos ayer, se entra en campo Vaccino y a mano derecha está la iglesia de San Francesca Romana, edificada en el mismo lugar dicen en que sucedió el pasaje de la caída de Simón Mago. Por detrás de esta iglesia se entra en un corral del convento *degli Olivetani* y allí se ve un pedazo magnífico de ruinas, en dos grandes salas cuadradas terminadas en dos nichos soberbios, por donde se apoyan una contra la otra en dirección opuesta. Dicen unos que este fuese un templo dedicado al Sol y a la Luna y otros que parte de la magnífica Domus Aurea de Nerón que estaba seguramente en esta inmediación. Siguiendo a mano derecha están las soberbias ruinas *d'il Tempio della Pacce* que era el más bello y el mayor que hubiese en Roma; decorado de las mejores estatuas, de pinturas excelentes y de ocho columnas hermosísimas de mármol blanco acaneladas, de las cuales una sola existe que es aquella que se ve elevada sobre un pedestal en la *Piazza di Santa Maria Maggiore*. Los tres arcos que aún existen, son prueba de la magnitud y grandor de este famosísimo templo sirven en el día de corral de vacas para el ganado que matan en aquel barrio y el Coliseo de caballerizas; que lo he visto por propios ojos. La iglesia de S. S. Cosmo e Damiano, sigue un poco más adelante; se cree que antiguamente hubiese aquí un templo de Rómulo y Remo, en el cual se juntaba el senado para los negocios más secretos e importantes; y aquí fue donde se halló el plano antiguo de Roma grabado sobre el mármol, que hoy con tanto gusto se ve en el *Campidoglio*. Adelante un poco está la *Chiesa di San Lorenzo in Miranda*; sobre las ruinas del *tempio di Antonino e Faustina* del cual se ven aun exteriormente diez grandes columnas del pórtico, de mármol oriental, dos tercios casi de su altura enterradas en el suelo: una inscripción latina se lee sobre el friso. Había antes frente a dicho pórtico un templo de Palas, que un papa hizo demoler. Adelante la *Chiesa di San Adriano*, donde estaba antiguamente el templo de Saturno; y aquí enfrente es el paraje donde Augusto hizo plantar la *Colona Millaria*, de donde comenzaban todos los caminos del Romano Imperio. Luego está *L'Arco di Settimio Severo*, que es todo de mármol blanco y subsiste casi enteramente; mastina gran parte está bajo de tierra, lo que hace que no se puede bien juzgar de la masa general, ni de las particulares; los bajorrelieves que están por los tres arcos, etc. están sumamente deteriorados y no parecen de buen gusto. Siguiendo a dar la vuelta a esta plaza, está luego bajo el declive del capitolio las ruinas del *Tempio della Concordia*, que fabricó Camillo; del cual solo restan ocho bellas columnas de granito de orden dorio, con sus capiteles y sobre adornos, que eran de los que sostenían el pórtico. Hacia el centro de dicha plaza se ven tres hermosas columnas antiguas de orden corintio que se suponen ser del templo *di Giove Statore*. Estas son de mármol caneladas y de la más bella proporción; con sus ornamentos laborados en la última proporción de modo que cuando se ven a una distancia proporcionada, producen un efecto admirable. Inmediato a la raíz del monte Palatino está la *Chiesa di Santa Maria Liberatrice*; aquí cerca estaba *il Lago di Curzio* que resultó del abismo en que este héroe se precipitó y pegado a esta iglesia se cree que estaba *il Lupercale*, o *grota* en que demoraba la loba que aletó a Rómulo y Remo bajo el *fico ruminale* que estaba inmediato. Por encima comparece el célebre Monte Palatino donde Rómulo puso los primeros fundamentos de Roma y donde después se vio elevar el soberbio palacio de los emperadores el más bello y magnífico del universo seguramente aunque no se juzgase sino por las majestuosísimas ruinas que subsisten y por su posición... *gli Ortú Farnesi* que llaman ocupan en el día la mayor parte del palacio de los Cesares del mundo. ¡Extraña suerte!... y ¡más extraño aún que nadie haya edificado allí aún, siendo la vista y la situación mejor de toda Roma!... Nos paseamos largo tiempo por allí admirando aquellas supervísimas ruinas y gozando de los más bellos puntos de vista que pueden encontrarse en el universo hasta que vino el jardinero con un hachón de cera para hacernos ver unas pequeñas salas soterradas que se dicen *i Bagni di Livia* en cuyas bóvedas se ven aún muestras de las excelentes pinturas y graciosísimos estucos que las adornaban; ¡válgame Dios y con qué primor y gusto estaban acabadas dos o tres figuras pequeñas en estuco que con cuidado pude examinar con mi anteojo en la bóveda!... y asimismo qué bien conservada la masonería, pues ni la humedad había podido penetrar y el ladrillo era tan perfecto y fresco como si se acabara de hacer. Estas pinturas y algunas estatuas que también había en los nichos, se las ha llevado el rey de Nápoles heredero de la casa Farnese... En el resto no se ve más que un casino pequeño arruinado; y una escala cordonada que conduce a una sala, o *grota* en que se ven varias estatuas antiguas donde una griega peinada a rizos el cabello curiosamente; y una Venus *callipiga* son de notarse. En la entrada principal que da sobre campo Vacci, hay una pequeña fachada del Viñola de muy buen gusto. De aquí se monta por una callejuela a la villa Rancurél que está pegada a los huertos antecedentes y ocupa otra parte el Palatino, donde logramos ver tres grandes salas de dicho palacio imperial que este señor abate ha desenterrado y donde se dice que se ha encontrado mucha antigüedad que el propietario ha hecho pasar a Francia su patria (una de dichas salas es rotonda cubierta a bóveda, cuya figura parece agradaba sumamente a los romanos). En un casino que hay allí, se ven muy buenas pinturas al fresco, entre las cuales dos pequeños cuadros sobre la bóveda, de Rafael, son excelentes y sino me engaño robados de los baños de Tito. De aquí se goza igualmente de los más bellos prospectos que quieran imaginarse —y esta Villa pertenece hoy en día al emperador José II que acaba de comprarla—. Considerando después por fuera estas inmensas ruinas mescoladas de árboles, producen la vista más pintoresca que puede imaginarse; y a la parte meridional se ven dos órdenes de arcos altísimos uno sobre otro, con pórticos que parece circundaban todo el palacio... ¡Qué lástima que no haya habido quien desenterrase estas riquísimas ruinas! Por esta misma parte meridional, se observa a la parte opuesta de la calle una manzana o isla arruinada, donde estaba edificado el *Settizonio di Severo*, edificio renombrado que tenía siete altos, adornados todos de bellísimas columnas de mármol; tres órdenes de los cuales se veían aún en pie en tiempo de Sixto V. En fin, ya fatigadísimo con tantas cosas me retiré a casa a las cinco, donde lo pasé en sociedad con los huéspedes y familia hasta las once.

Febrero

1

Deseando continuar las mismas ideas que el día antecedente, me dirigí al día siguiente hacia el foro Boario que hoy llaman por diversos nombres. Ponte Rotto (que es el antiguo puente Palatino) porque efectivamente están rotos sus arcos hasta la mitad y estas gentes no le han querido reparar; siquiera porque fue el primer puente de piedra que jamás hubo en Roma, terminado por Scipion Africano; y ciertamente es de muy buena arquitectura. Pegado a este puente existe una casa vieja compuesta según parece de varios restos de antiguos monumentos, que el pueblo llama *il Palazzo di Pilatos*. Un poco más bajo a mano izquierda está la *Chiesa di Santa Maria Egiziaca*, de monjes armenios; era un bellísimo templo de la Fortuna Virile, cuya forma exterior se conserva aún y produce sumo contento al mirarlo. Cuatro columnas en la fachada y siete en los laterales de orden jónico caneladas son los únicos adornos que le han quedado y estos enterrados hasta su embasamento. Sin embargo, la proporción, sencillez y buen gusto que resalta en todas sus partes le dan tal elegancia que no se cansa uno de admirarlo. Lo propio sucede con otro de figura rotonda que está un poco más abajo que llaman la *Madona del Sole* y es un pequeño templo de Vesta. Este está circundado de fuera por veinte columnas de orden corintio caneladas y dentro de una muralla de mármol blanco perfectamente bien unido; en el gusto de los templos antiguos; mas la barbarie le ha puesto un techo y encajado una muralla entre sus columnas, del gusto más indigno que quiera imaginarse y que le desfiguran infinito... ¡Mas qué será, sin embargo, que a la vista de estos diminutísimos templos (en comparación de las magníficas y suntuosas iglesias de Roma) el espectador siente una satisfacción y gusto incomparablemente más exquisito, que la que ha experimentado en las modernas estructuras de Roma!... Desde aquí arrimándome sobre la muralla que cae al río, me hizo observar una vieja lavandera el paraje por donde la gran cloaca desagua en el Tíber. De aquí atravesamos la *Piazza della Bocca della Veritá* (todo esto era el *forum Boarium*) y llegamos a la *Chiesa di San Maria in Cosmedin*, sobre la ruinas del templo de la *Pudicizia* formado; y bajo el pórtico de antiguas columnas adornado vimos un gran mascarón de mármol con la boca abierta, que parece haber servido a pronunciar oráculos y que le llaman la *bocca della Verità*: porque dicen que aquí se hacía poner la mano a los que hacían juramento y que si perjuraban la boca se cerraba y les cortaba la mano... Vulgaridades. Andando así a la izquierda un poco distante, está un Arco de Septimio Severo erigido a su honor, por la compañía de banqueros públicos... Es cuadrada la apertura y su escultura de mediano mérito, todo de ladrillo y una parte enterrada. Aquí inmediato se ve asimismo *l'arco di Giano* a cuatro fases, con su arco en cada una, formando un cuadrado, todo de ladrillo y con nichos arqueados para la colocación naturalmente, de estatuas... La proporción general de antiguo monumento es excelente; y la proporción entre vacíos y sólidos no puede ser mejor como a sí mismo de ancho y altura. Bajando al mediodía un poco, por detrás de unas casas, se encuentra la apertura de la *Cloaca massima*, por donde esta recibe las aguas de la célebre *fontana di Giuturna*, llamada hoy di San Giorgio. El arco que forma la bóveda es todo de gruesos cantos a seco, sin mezcla alguna y de una hermosa forma; tan capaz que podrá pasar sin el menor embarazo, un carro cargado de heno: desemboca en el Tíber, como he dicho anteriormente por junto al templo de Vesta y atraviesa toda Roma... ¡Qué obra inmensa! En fin, apenas concluimos a las cinco este agradable paseo y el tiempo es tan hermoso que apenas se siente el fresco; parece una primavera justamente, nos retiramos a casa donde se pasó en sociedad erudita hasta las once.

2

Hoy temprano me puse en marcha con mi amigo don Giovane que me sigue con gusto y proseguimos el hilo de antigüedades, comenzando por el valle que está entre los montes Aventino y Palatino que era la situación del célebre *Circo Massimo*, del cual no se ve el mínimo resquicio en el día; pues todo el terreno está ocupado con huertos y el cultivador destruye constantemente lo que el tiempo pudo haber perdonado, de sus decoraciones nos quedan solo los dos obeliscos de *San Giovane in Laterano* y de la *Piazza del Popolo*. Podía contener más de 300.000 espectadores este soberbio edificio; donde se practicó igualmente al principio de la república el rapto de las Sabinas. Tomando a mano derecha se sigue por el lado del Tíber y allí está *il Magazzino del Sale* y las ruinas o pilastras solamente del antiguo *Ponte Sublicio*. De aquí montamos sobre el Aventino en busca de los famosísimos templos antiguos de Diana y de Juno... Mas en su lugar solo encontramos un convento de frailes dominicos y la *Chiesa de Santa Sabina*, edificados con las ruinas de aquellos —en el claustro solo hay 139 hermosas columnas antiguas—. De aquí subimos al Monte Testaccio que está inmediato y es formado todo de vasos rotos de las alfarerías inmediatas, que se llaman fábricas *de'lavori di Creta*; luego a la *Porta San*

Paolo, antiguamente puente Trigemina, inmediato a la cual está *il Sepolcro di Caio Cestio* en forma de una pirámide de elegantísima proporción muy bien conservada; y tanto de cerca que de lejos, produce su vista un admirable efecto. Tiene más de 170 palmos de altura y 125 cada lado del zócalo cuadrado en que posa. En la parte inferior hay una pequeña puerta, que conduce a una cámara reducida y situada en el medio de la pirámide (que es el único vacío de este monumento) revestida de estuco y adornada de pinturas de muy buen gusto, alusivas al empleo de Cestio, que era uno de los *decemviri* que prescindían al banquete de los dioses y vivió en tiempo de Augusto. Aquí tomamos un coche pues las distancias que nos proponíamos correr eran grandes y saliendo por dicha puerta fuimos a *San Paolo fuori delle Mura* (una de las cuatro principales basílicas de Roma) edificado en el lugar en que dicho santo fue enterrado primeramente. El interior de esta iglesia es vasto y comparece lúgubre y húmedo. Sus altos están soportados por 140 hermosas columnas antiguas de pórfido, mármol y granito. Las cuarenta mayores de la nave principal estaban en el Mausoleo de Adriano (hoy Castel San Angelo) y ¡tienen más de 50 palmos de altura, de un solo pedazo de mármol pario,[5] qué lástima de deshacer aquellas elegantísimas composiciones, para formar moles inútiles sin gusto ni inteligencia! En una iglesia inmediata que llaman *San Paolo alle Tre Fontane*, se ven en el altar de dicho santo dos columnas de pórfido negro que son sumamente raras y únicas por su hermosura. De aquí retrocedimos y volviendo a entrar en la ciudad por la misma puerta, pasamos a ver las ruinas inmensas *delle Terme di Caracalla* que están al pie del monte Aventino; pasamos por huertos y saltamos palisadas para poder ver el todo de esta vastísima ruina, cuyas

---

5   Mármol de proveniente de la isla griega de Paros. (N. del E.)

murallas se elevan por esos cielos a una altura sorprendente y dan más cabal idea del grandor romano que ninguna otra ruina de cuantas quedan —mas no ha quedado una pieza siquiera entera y solo si varias bóvedas en que aquellas gentes guardan cantidad inmensa de paja—. La relación antigua de que aquí se contaban 1.600 sillas de mármol y baños para 3.000 personas a un mismo tiempo; que se veían cosas que los más hábiles mecánicos juzgaban como imposibles y que el todo estaba adornado con la más soberbia magnificencia, no se desmiente seguramente por los restos que quedan. Fatigadísimo me retiré ya al anochecer a comer y discutir en mi doméstica sociedad los asuntos de que mi imaginación venía repleta.

3

Temprano en compañía del *signore* Luigi y con nuestro coche al menos para hacer la mitad de la distancia que nos proponíamos correr, marchamos a Porta San Sebastiano (antiguamente Porta Appia, porque guiaba a la célebre Via Appia adornada de muchos magníficos monumentos y empedrada toda sólidamente hasta Brindiz) donde se ve por la parte interior un Arco Antiguo que se dice *di Nerone Claudio Druso*; está separado del muro y sus adornos de mármol son pasables. Saliendo por dicha, puerta sobre la izquierda está la *Chiesa della Madonna delle Palme*, edificada sobre las ruinas de un famoso templo de Marte, que era circundado de cien hermosas columnas y de palmas; de donde viene el nombre de dicha iglesia. Una pequeña capilla rotonda que está más adelante sobre el mismo camino, se cree que sea el paraje donde San Pedro tuvo la visión de J. C. cuando le dijo: *Domine quo vadis*. Allí cerca se ve dentro de una huerta un antiquísimo sepulcro arruinado, que creo sea el Sepulcro de Orazia, hermana de los Orazios, que mató su propio hermano... Cuanto interesante es en mi opinión este monumento. Como una milla más adelante la *Basilica di San Sebastiano fuori le mura*. En la primera capilla de la cual se ve una piedra con la impresión de los pies de J. C. cuando se apareció a San Pedro en la visión antecedente... Mas lo que llama la atención principalmente y por lo que nosotros venimos, son *Le Catacombe*, las cuales se estiman por las más célebres y vastas de Roma; y aseguran algunos escritores que trece papas y 74.000 mártires han estado enterrados en ellas. De aquí la abundancia de reliquias con que Roma comerciaba con todo el mundo cristiano, que producían tesoros inagotables... Un religioso civil y que era gran práctico del lugar (pues de otra manera hay riesgo de perderse en este laberinto) y amigo del *signore* Luigi, nos proveyó a cada uno de una luz, marchando todos unidos para no perderse... Bajamos por la iglesia misma a dichos subterráneos por una gran escala que nos condujo a infinitas galerías, que corren en todas direcciones y muchas tienen dos y tres planos unas sobre otras, formando accidentalmente por una y otra parte, pequeños apartamentos en forma de celdas como para habitación de algunas gentes. Los lados laterales están cortados con suma inteligencia en forma de sepulcros para una sola persona y después con igual curiosidad cubiertos con ladrillo sutil y tablas de mármol; sobre los cuales se suele ver. Alguna inscripción, cruz, etc. y aquellos en quienes se encuentran instrumentos de martirio, o una garrafilla de sangre son tenidos por depósitos santos y sus huesos distribuidos como reliquias auténticas. Por esta razón cuando entramos nos informó el fraile que había excomunion mayor para el que extrajese la menor parte sin permiso... No obstante, mi compañero y mi criado aprovechando la favorable ocasión, se llenaron bien las faltriqueras a escondidas, de canillas y huesos sagrados... Yo reía entre mí grandemente del pasaje; y considerando que ya habríamos hecho al menos un par de millas, sin variación de objeto, propuse nuestra retirada, que mis fatigados compañeros deseaban igualmente y vinimos a un apartamento que está cerca de la salida un poco iluminado por claraboyas, con sepulcros también alrededor y en medio sobre una pequeña columna, un excelentísimo busto de *San Sebastiano* de Bernini. Nuestro buen religioso continuó a hacernos ver con mucha civilidad la sacristía y resto de la *Chiesa*; y en este intermedio tuve lugar de hacerle convenir, en que siendo aquel subterráneo, el lugar de donde los romanos sacaban arena para sus menesteres y después abandonaban para sepulcros de los pobres, ¿no sería extraño que muchas de nuestras Sagradas Reliquias, fuesen huesos de paganos?... y mi gente que oye la proposición, se ratifica y tira sus reliquias al diablo apenas salimos de la *Chiesa*... o ¡cuánto tuve que reír después!... Algo más adelante, sobre la misma Via Appia resale el bellísimo mausoleo *di Cecilia Metella vulgo Capo di Bove* por un friso adornado de testas de buey y guirlandas de ciprés que circuya la parte superior. Este es una gran torre rotonda, que posa sobre un pedestal cuadro de piedra de Tívoli, con la cual está también cubierta toda la torre, que remata con un cornisón adornado del friso mencionado. Había encima un colonado, de cuyo centro se elevaba una cúpula que terminaba el edificio... ¡Mas en el día no hay vestigio, o qué lástima!... Sin embargo, da mucho gusto al mirarlo, por su noble proporción y excelente ejecución; y es uno de los monumentos más bien conservados de la magnificencia pomana. En el interno solo hay un vacío de figura cónica, donde se encontró la grande urna cineraria de mármol pario que hoy se ve en el patio del *Palazzo Farnese* y donde reposaban estas memorias de *Cecillia*, que fue mujer de Crasso, el más rico ciudadano de su tiempo. Inmediato en una viña cercada, se observa una fábrica rotonda con un recinto cuadro, en el gusto antiguo romano; mas no concibo que sea. Por detrás de dicho recinto están las curiosísimas ruinas del *Circo de Caracalla*; el más entero de cuantos nos han quedado y bastante bien conservado para formar una justa idea de esta suerte de edificios romanos, en que la noble juventud se amaestraba a la corsa de los carros, etc. Su forma es cuadrilonga, terminada por un lado pequeño en semicírculo. En el medio hay un muro poco elevado formando una línea que llamaban *Spina* y era adornada de estatuas; altares para los sacrificios que siempre precedían a la función; y el obelisco que se ve en la *Fontana Navona*: con sus dos metas hacia los extremos para volver los carros que luchaban. Por todo el rededor están los muros en que posaba la gradería para sentarse los espectadores; y asimismo sus pórticos para ponerse a cubierto en caso de lluvia —y al frente la gran puerta por donde salía el vencedor, a quien conducían en triunfo sobre la Via Appia—. Tiene también sus torres desde las cuales los patricios miraban los juegos y se observan muchos vasos grandes de losa que colocaban en el macizo de las bóvedas para darle sin duda ligereza. En mi concepto este es uno de los más interesantes e instructivos monumentos que nos quedan de la antigüedad y me dio tanto placer al verlo que no pude dejarlo sin sentimiento y propósito firme de retornar antes de despedirme de Roma... Sobre una colina inmediata está la pequeña *Chiesa di San Urbano*, formada de las ruinas de un templo de Baco, del cual quedan aún cuatro bellas columnas canaladas de orden corintio que sostenían el pórtico. Por estos alrededores también dicen que había un templo *dell'onore* y otro de la Virtud, mas nosotros no pudimos descubrir rastro alguno. A la caída de la colina antecedente di S. V... encontramos la célebre *Fontana Egeria* en una gruta espaciosa revestida de ladrillo *opera recticularis* una bóveda y sus nichos. En el medio está la estatua de Egeria del grandor natural reclinada y mutilada; en los otros donde estaban las de las musas nada ha quedado —el agua de la Fuente corre con abundancia y es límpida y saludable...—. Allí encontramos una muchacha que lavaba ropa y nos respondió varias cuestiones con viveza. Bebimos agua de la celebrada fuente y proseguimos nuestra excursión. Como media milla más adelante sobre la derecha del camino que conduce a Porta Latina está *il Tempio del Dio Ridicolo* edificado en el mismo lugar en que Aníbal se dice había plantado su campamento, para asediar a Roma en tiempo de la segunda guerra púnica. Este es un pequeño edificio en forma cuadrada, o aproximadamente, con sus adornos en pilastras hechas de ladrillo muy bien ejecutadas y el todo de buena forma; está situado junto a un arroyo (*Aqua Mariana*, me parece que se llama) en que hay un batán para paños... Aquellas gentes nos hicieron favor de abrir la puerta para ver el interior de dicho templo, mas no encontramos mas que paja, de que estaba lleno hasta el tope —mucho gusto me dio el examinar la posición del campamento del ejército de Aníbal; que seguramente no podía escogerse mejor para el efecto y es una buena lección para los profesores del arte—. De aquí seguimos haciendo el giro por fuera de los muros de Roma a ver *il Anfiteatro Castrense*, que no está muy distante y es hecho todo de ladrillo. La parte mejor conservada está ingerida en los muros de la ciudad; compuesta de arcos y columnas corintias con su entabladura, en medio de ellos; todo tan curiosamente trabajado en ladrillo y tan bien conservado que es cosa que sorprende, atenta su antigüedad. Este anfiteatro era de figura circular según parece y no muy grande. Fue el primero de su especie en Roma y estaba destinado para ejercitar los soldados a combatir diferentes animales y otros ejercicios bélicos. Para ver el interior, fue menester dar la vuelta por *Portamaggiore* a fin de entrar en el convento *di Santa Croce in Gerusalemme* en cuyo jardín se ve efectivamente la ruina de la parte interna, que da, sin embargo, bastante idea de la forma que tenía dicho anfiteatro. Los monjes nos hicieron ver con suma civilidad el convento, iglesia y librería que aunque pequeña está ordenada con gusto y aseo; aquí se ven dos muy buenos cuadros de Rubens. El pórtico de la iglesia es de un gusto singular; compuesto de varios órdenes de columnas que forman como un laberinto y sostienen una cúpula. En la huerta de este propio convento, vimos otras ruinas interesantes, *il tempio de Venere e Cupido*, que hoy solamente consisten en un grandísimo nicho y dos pedazos de muro laterales, por los cuales no se puede formar idea de la forma que tuviese. En este paraje fue hallado el grupo de *Venere e Cupido* que está en el pórtico del museo clementino. Andando como una milla hacia el centro de la ciudad, está la Villa Magnani, en cuyo recinto se ven también unas antiguas ruinas del *Tempio di Minerva Medica*... Estas consisten en una media cúpula, sostenida por gruesos arcos de bonísima proporción e indican que la forma del templo era rotonda y de muy buena construcción. Fatigados ya de andar más de 6 millas a pie, pues el coche lo soltamos en San Sebastián porque nos envaraba para saltar cercas, atravesar viñas y montar ruinas; batimos nuestra retirada, ya cerca del anochecer y llegamos a casa cansadísimos. A las diez me fui a la cama con un grandísimo dolor de cabeza que me aflige siempre más o menos y se agrava por la noche.

4

Temprano en continuación de las propias antigüedades con *il signore* don Giovane, que es inteligente, nos dirigimos al *Teatro di Marcello*, que está casi enteramente arruinado y ocupado de edificios. Por una calle se ve, sin embargo, un retazo de la parte exterior, decorado de dos órdenes de arcos uno encima de otro; el primero es dórico y el segundo jónico con menos de la mitad de la columna ingerida en el muro. Ambos de graciosa y elegante proporción, particularmente el capitel jónico... Hay muchos nombres escritos allí de visitantes; y este retazo de arquitectura antigua, es el modelo que los modernos han tomado para determinar las proporciones de dichos dos órdenes colocados una encima de otro... Pasamos de aquí al *Palazzo Orsini* que está encima, colocado justamente sobre el área de este teatro; de cuyos restos interiores algo vimos en las cavas de dicho palacio que corrimos arriba y abajo. En el patio se ven igualmente dos hermosísimos grandes sepulcros de mármol, ornados de bajorrelieves; y uno sobre la fachada, que representa varios gladiadores combatiendo contra las fieras. En uno de los apartamentos internos, se nos manifestó una célebre estatua *di Gaio Popilio* del grandor natural, podía contener este famoso teatro, según afirman los escritores romanos hasta 30.000 espectadores y su diámetro era de 538 palmos. Fue edificado por Augusto para perpetuar la memoria de Marcello su sobrino. De aquí pasamos a la *Chiesa di San Niccola in Carcere*, que no está distante; por ver el paraje donde sucedió aquella memorable acción conocida por el nombre *di Carità Romana* (*or the Grecian Danter*) en las prisiones del pueblo; sobre cuyas ruinas está edificada esta iglesia. Luego pasamos al puerto o *muelle di Ripeta*, inmediato al cual están las ruinas del magnífico *Mausoleo di Augusto*... que parece tenía la forma de una gran torre rotonda; de la cual solo queda una pequeña parte, formando una terraza circular sobre el espesor del muro que sirve presentemente para hacer parcos y tablados desde donde se ven los toros que se juegan en la plaza formada en su centro para el efecto. En la parte inferior se observan algunos *comarines*, que servían sin duda para depositar las cenizas de la familia de Augusto antiguamente. Después al Mausoleo de Adriano, hoy *Castel Sant'Angelo*, que está al fin del puente del propio nombre... Este soberbio monumento es de forma cuadra, en cuyo medio se eleva una gran torre rotonda, revestida de mármol pario que estaba adornada de estatuas, carros, caballos, de un número prodigioso de bellísimas columnas y terminada de una gran *pigna* (16 palmos de altura) de bronce y dos pabones de un trabajo excelente, que hoy se ven en el Jardín de Belvedere en el Vaticano. Dicho edificio estando construido con toda la solidez posible y en forma de castillo, vino a ser convertido en una fortaleza a tiempo de Belisario; y consta que en la guerra de los godos, sus defensores arrojaban sobre los sitiadores los pedazos de estatuas que para este efecto rompían. Luego se añadió un pentágono que le circuye, con cinco baluartes muy bien construidos; y esta es la única fortificación en estado de defensa que tiene Roma moderna —aquí nos acompañaron dos individuos de la guardia, que nos hicieron ver muy bien todo el interior—... y entre los varios apartamentos, notamos la gran sala, en que no faltan buenas pinturas a fresco de Julio Romano, etc.; la capilla y cuartos en que estuvo arrestado el papa en tiempo de Carlos V; los archivos secretos de la corte de Roma y una sala de armas, en que se ven algunas invenciones bien singulares para asesinar con la mayor facilidad y, sin hacer ruido y el arcabuz con que fue muerto el condestable de Bourbon cuando dio el asalto a Roma. De la parte superior se goza una superbísima vista, así de la ciudad, como del Tíber y campos adyacentes; lo cual me hizo detener aquí con mi anteojo mucho más largo tiempo que el que yo pensaba... ¡Fuera de la Porta Castello, que está allí inmediata tocando los glacises de la misma fortificación y aquellos contornos es el propio sitio donde estaba el célebre campo conocido por el nombre de *Prata Quinctia*, que cultivaba por sus propias manos Lucio Quinzio Cincinnato, cuando el senado vino a ofrecerle la dictatura!... ¡O con cuánto gusto se ven estas cosas exaltadas por el entusiasmo de ideas tan sublimes!... Enfrente está el Monte Mario con villas, conventos, etc. encima, que deben gozar de vistas deliciosas. En fin a casa fatigadísimo; y a las siete al teatro de la Valle, donde dieron una buena comedia de Goldoni. Muchas damas jóvenes había vestidas de militar en los parcos que formaban una comparsa bastante agradable; siendo este el gusto predominante por tiempos de carnaval y no hay uniforme prusiano, inglés, polonés, etc. que no resalte con muy buen gusto sobre el talle de una graciosa romana, cuyo espíritu y hermosura se distingue entre todo el bello sexo de la Italia. Dos abates que junto a mí estaban, se entretenían en políticas y filosóficas observaciones sobre las cosas presentes. Y concluyeron, en que aunque el señor de Montesquieu parecía dar la preeminencia al gobierno británico, no era una cosa verdadera y que sus mujeres (las romanas) eran seguramente los mismos retratos de las Livias, Mesalinas, etc. testigos de aquellas fisionomías que por allí se veían... De modo que ellos estaban tan contentos gozando de su conversación y del espectáculo;

y yo tan divertido en oírlos que es la única ocasión que haya con gusto pasado una noche en el teatro a Roma.

5

Temprano con mi anteojo y la compañía del *signore* Luigi, me dirigí a *Piazza Colonna*, para ver la magnífica *Colonna Antonina* de quien ha tomado el nombre de dicha plaza. Ella es toda de mármol y de proporción corintia, aunque su capitel sea dorio. Su diámetro 21 palmos y su altura 177, exclusive la estatua de San Pablo en bronce que tiene encima, 19 palmos de altura. Subimos arriba por una escala interior sumamente cómoda e iluminada por cuarenta pequeñas claraboyas, que tiene 190 escalones. Sobre el capitel hay una balaustrada de hierro que forma un balcón cuadro, de donde gozamos una bella vista, divirtiéndonos con las gentes que pasaban debajo y nos parecían liliputienses. Su forma es grandiosa; y está cubierta de muy buenos bajorrelieves que sobre fajas espirales adornan el fusto, representantes de las guerras y costume de los sarmatas y germanos a quienes Marco Aurelio venció. De aquí pasamos a la *Piazza de la Colonna Trajana*, a quien sirve de principal adorno esta preciosísima antigüedad, uno de los más hermosos monumentos de la antigua Roma y la más bella columna tal vez que se conoce en el mundo. Su altura es de 217 palmos incluso el pedestal y adornos de la cima y el diámetro inferior de 16 palmos. Se sube arriba por una escala alumaca como la de la antecedente, iluminada por cuarenta y tres pequeñas claraboyas y compuesta de 184 escalones. Encima hay un corredor cuadrado también, de donde se goza la vista de Roma, girando alrededor, en su mayor extensión. Aquí pasamos un gran rato considerando todos los principales puntos de Roma y una torre cuadra de ladrillo que está inmediata en un convento de monjas y se dice ser aquella de donde Nerón contemplaba el incendio que el mismo hizo poner a la capital del mundo... No hay duda que dicha torre parece ser la más dominante de Roma; y sentí mucho que por ser convento de monjas no me fuese posible el montarla. A nuestra bajada consideramos que el pedestal y la base de esta columna estaban enteramente enterrados por las ruinas inmediatas que ha levantado el suelo más de 28 palmos de lo que estaba antiguamente y así es menester bajar varios escalones para entrar por la puerta que da en una especie de patio hecho formar por Sixto V a fin de desembarazar el pedestal, que se estima por la parte mejor de este magnífico monumento... adornado de trofeos militares y de festones de encina que soportan cuatro águilas colocadas en los ángulos del zocolo: trabajo excelente. El fusto está adornado de bajorrelieves, tendidos sobre una faja espiral que le cubre todo; representantes las expediciones de Trajano contra los dacios, en que se ven marchas, batallas, acampamentos, pasos de tíos, casas, etc. con 2.500 figuras humanas, todo de la propia mano y de un gusto excelente... Obsérvase que las figuras superiores tienen mayor magnitud en proporción a la distancia de que son vistas, para que se puedan distinguir con igual facilidad... Válgame dios cuán instructivos son estos restos, así para la historia, como para las artes y qué bellísimo gusto reina en toda la ejecución; una guirlanda que ciñe el toro inferior de la columna es maravillosa. En este paraje estaba antiguamente el célebre foro de Trajano, el jefe de obra del buen gusto y del poder romano: donde estaba una basílica en que los cónsules daban audiencia; el templo de Trajano donde se hallaba la Biblioteca Ulpia; algunos arcos triunfales y un pórtico de mármol de orden corintio donde estaban las estatuas de los hombres ilustres. En un vuelo pasamos de aquí al Vaticano en coche, para gozar de la función que hoy había en la *Cappella Sistina* con motivo de tener su santidad *Cappella*; esto es asistir pontificialmente, a la misa. Tuvimos nuestro pequeño embarazo al entrar, pues el *swizaro* que estaba de guardia se oponía, pretendiendo que no íbamos decentes, porque llevábamos guantes y *surtout*; cuyas indecencias dejadas al criado en la puerta, pudimos pasar... y lo más curioso es que el apartamento estaba lleno, de cuanto miserable abate había querido entrar, mas este vestido en Roma tiene lugar de decencia, aun para los más infelices; por cuya razón casi todas las gentes del país lo usan, sean del estado o profesión que sean —en fin llegamos a tiempo de ver toda la función, que realmente es digna de la consideración de un hombre que piensa—. ¡Qué fausto, qué absurdidades!... ¡Cómo es posible que los pueblos hayan prestado veneración y creencia, a ridiculeces semejantes!... Desde luego desafió a los derviches, tornadores y ladradores (alla-hú, alla-hú) que nos den una escena semejante... En fin, allí estaba el Sumo Pontífice, con sus cardenales y obispos; estos sentados por tierra de la manera más humillante y aquellos en sillas altas con sus caudatarios a los pies. En esto me parece aun que hay un poco de incongruidad, atento que muchos de los cardenales ni aun sacerdotes son. Cuando su Santidad oficia la misa le traen la ostia a su silla para que allí con todo descanso la consuma; y asimismo el sanguis que lo bebe por un tubo de oro, como las limeñas el mate. Finalmente concluyó toda la función después de las doce; y yo me bajé a San Pietro para ver a su santidad más de cerca y en vestido familiar. Efectivamente todos los días a la una del día comparece el papa... Por la puerta de Santa Marta (que comunica por un subterráneo con el Vaticano) en chinelas carmesíes, bata blanca a modo de *robe de chambre* y empolvado como un *petimetre parisien*, se dirige en pasos mesurados y algo de remeneo, a la estatua sedente de San Pedro que está al conmedio de la iglesia y, de pie, apoya su frente sobre el pie de dicha estatua, mete la corona por debajo de cuando en cuando, bésalo por encima tres veces, sierra los ojos meneando mucho los labios como que reza; repite las mismas muecas por un cuarto de hora; y luego se retira a hacer oración a la *confezione di San Pietro*, arrimado al primer pilastrón del crucero y arrodillado sobre un banquillo que para el efecto hay allí de madera muy ordinaria. Esto dura una hora, al cabo de cuyo tiempo se retira su santidad por la misma puerta que entró, bien arropado en su cabriolé de grana y con sombrero forrado en lo mismo (que tuve en mis propias manos) y después va a dar un paseo en coche, hasta poco antes de las cinco que vuelve a comer... y esta vida observa regularmente según me informaron. Dejando todos los monopolios al *nipote* que se enriquece a ojo de vista inmensamente. San Pietro me agrada más, cuanto más lo veo; y así es preciso verlo muchas veces más. De aquí nos fuimos a casa, para comer temprano y lograr el paseo del corso; a que todas las petrimetas asisten en coche y los petrimetes que no lo tienen, a pie, al uso de Madrid. Hubo muchas gentes de una y otra manera, pues el tiempo hace hermosísimo; y al Ave María nos retiramos tomando sorbetes al ordinario... Yo me separé de la compañía, para ir a evacuar una cita en el café de la *Piazza della Fontana di Trevi* donde efectivamente encontré mi hombre, con muchas otras gentes que leían algunas gacetas extranjeras, mi banquero Giogia entre ellos; ¡mas no pudo menos de causarme sorpresa, como aquellas gentes concurrían en un lugar tan puerco e indecente cual está dicho café!... Mi hombre que es un decente maestro de lengua francesa y un amigo me recomendó, me había ya buscado una buena moza que me aguardaba. Fuimos hacia allá y encontré una muchacha de dieciocho años, decente y muy bien parecida; mas que no quería franquearse a la primera visita y daba esperanza de hacerlo a la segunda —yo solté los registros a mi persuasión y al cabo de mucho rato lo hube de conseguir, con la promesa de no derramarme dentro—. Le di un sequin que aquí es muy buena paga y ella quedó contenta... Después supe que esta muchacha es de gentes decentes, a quien el rey de Suecia cuando estuvo en Roma había hecho un hijo por su desgracia... tiene muy buen goce. De aquí me fui al *Teatro Capranica* donde logré ver aún la mitad de una tragedia traducida del francés, la gente estaba tan disgustada del tono trágico, que decían que aquello parecía como *si facese* la prédica... No obstante, que era regular el primer actor y lo hacían pasablemente. Mas como no había arietas, por poco salen silbados los dichos trágicos. A casa a las once.

6

Temprano me dirigí al Campidoglio este celebérrimo lugar que hacía como el centro de la potencia romana y donde los Scipiones, Pompeyos, César, etc. partían a subyugar el universo que no pudiéndoles resistir, se sometía a sus leyes e inclinaba la cerviz. Las cosas han cambiado absolutamente y apenas se puede conocer en el día qué sitio ocupaban aquellos monumentos más célebres; como son la Ciudadela, Roca Tarpeia, Templo de Jove Capitolino, etc., todo ha cambiado de aspecto. Hoy se sube por una gran escala, con su balaustrada por los flancos, obra de Michelangelo y que produce un bellísimo efecto; y se entra después en la hermosa *Piazza del Campidoglio* que es paralelogramo, formada por el palacio del Senatore que está al fondo; el de Conservatori a la derecha; el del *Museo delle Antichità* a la izquierda; y de una balaustrada por la parte de la subida, adornada de las estatuas colosales de Cástor y Pólux en mármol griego, cada una con su caballo que tiene por la brida; de dos grupos de trofeos antiguos, los más hermosos que se conocen; de dos columnetas milliarias, etc. que produce un muy buen efecto. En medio de la plaza está la famosa estatua ecuestre de Marco Aurelio en bronce, que se tiene por la mejor de cuantas nos han quedado de la antigüedad en su especie... La figura del emperador es naturalísima y excelente; y el caballo tiene tanta expresión (aunque sin la menor exageración) que Carlo Marata le solía decir: Muévete, ¿que te olvidas que eres vivo? tanto cuanto más se mira esta pieza, tanto más agrada. Y, sin embargo, el vientre del caballo me parece demasiado abultado... Una fuente se observa en el fondo de dicha plaza, en que están una buena estatua de Roma y dos de ríos, representantes el Nilo y el Tíber. El *Palazzo del Senatore*, está construido sobre las ruinas de un antiguo edificio que se cree fuese el *Tabularium*, o archivos de los romanos. El *Museo delle Antichità*, contiene una colección de aquellos monumentos antiguos, que son relativos a la historia romana y a la de las artes; y aunque inferior a la del museo Clementino, por causa de los jefes de obras que esta segunda contiene; es, sin embargo, generalmente hablando, la más numerosa y rica que acaso se encuentrá en el Universo. Al entrar por la puerta del ingreso se ve enfrente una hermosa estatua colosal de un río, encima de una fuente; y es aquella llamada Marforio a quien se han atribuido varias sátiras y respuestas ingeniosas —luego hay por allí varias otras de cariátides en forma de sátiros con cestas de uvas en la cabeza: ídolos egipcios... sepulcros, etc.—. Sobre las murallas de la escalera se observan varios fragmentos del antiguo plan de Roma, hecho sobre tablas de mármol con una curiosidad, que es cosa bien interesante. Luego procedimos a las siete salas que se cuentan en este primer piso. *Primo Camera del Vaso*, donde se ven más 120 inscripciones interesantes; y en medio un gran vaso de mármol, con adorno de flores, de elegante forma y un trabajo exquisito... Está colocado sobre una graciosa ara rotonda, que le sirve de pedestal y muchas otras cosas. *Stanza di Ercole*, cuyos muros aun están cubiertos de inscripciones y bajorrelieves interesantes y entre las varias estatuas me agradaron más. La de Agripina sentada en una silla de reposo de una aptitud naturalísima y noble, *Amor y Psique* que se abrazan, grupo pequeño, de una naturalidad, gracia y hermosura singular —con varias otras cosas—. La gran sala sumamente magnífica... y me agradan más la estatua del emperador Adriano en pie,todo desnudo y con el morrión en testa; la de Mario ,también en pie; un gladiador cadente; *L'Antinoo* joven, figura desnuda de la más singular hermosura y su cabeza y gracia inimitable (entre el muslo y los testículos se puede pasar solamente una hoja de papel fino, para que se vea con que extraordinario primor y delicadeza están trabajadas estas estatuas). La célebre estatua del *mirmidone*, o del gladiador moribundo, cuya expresión, naturalidad y perfección es inimitable... No sé qué se pueda ver una estatua que agrade y encante tanto como esta. ¡Uno la considera horas enteras y no se acierta a dejarla!... Tiene un pedazo de cuerda liada al cuello, que debía ser distintivo de estas gentes. Dos centauros de mármol negro, en que la figura del más joven excede en hermosura al más viejo. Una estatua colosal excelente, de Inocencio X en vestidos pontificiales, obra del Algardi, en bronce, con varias otras cosas —sala de filosofía, entre otras—. La estatua de Zenone, que parece ser un verdadero retrato y entre un gran número de bustos y cabezas de hombres grandes y filósofos; el retrato de Virgilio; de Pitágoras; de Diógenes; de Metrodoro; de Aristómaco; y de Gerone —la camera *degl'Imperatori*, un bajorrelieve de Endimión que duerme, es excelente— y entre los bustos el de Mesalina; de Nerón; de Lucio Vero; de Cómodo; y de Faustina, uno de los más galantes y graciosos bustos de mujer que pueden verse. La *Galleria*, un hermosísimo busto colosal de Trajano; con otros varios; bajorrelieves, etc. La *Camera delle miscellanee* entre otras la estatua de un Fauno en mármol rojo, con un cabrito que apoya la pata sobre un canastro, es hermosísima; un vaso antiguo de bronce acanelado, de bella forma; dos cabezas de Alejandro y de Leucotoe y sobre todo el célebre mosaico *delle Colombe*, de quien habla Plinio y fue hallado bajo las ruinas de la Villa Adriana. Es un pequeño cuadro que representa un vaso lleno de agua y dos Palominos que posan en la orla y beben... No se puede dar una cosa más bien imitada, ni un trabajo más primoroso. De aquí bajé a una sala en que un célebre pintor romano trabajaba (se llama creo, Lapicola) y este me hizo conducir a su casa por uno de sus aprendices, donde vi un pequeño grupo antiguo en mármol de una Ninfa y Sátiro que la quiere chapar, cosa excelente... y que prueba como aún hay tesoros de este género sepultados bajo las ruinas de la antigua Roma. Detrás de este edificio esta la iglesia *di Santa Maria in Ara Coeli* a donde se sube por una larguísima escala de mármol. Esta está fundada sobre las ruinas y lugar del famoso templo de Jupiter Capitolino. Luego pasamos al *Palazzo dei Conservatori* que está enfrente del anterior. Bajo el pórtico entrando se ven las estatuas de Julio Cesar en vestido militar y la de Augusto que se le erigió después de la batalla de *Accium*. Atravesando el patio se ve enfrente una famosa estatua de Roma triunfante y otras de reyes prisioneros, etc. y alrededor un valiente grupo de un león que desmembra un caballo, restaurado.

Fin de la obra

Libros a la carta

A la carta es un servicio especializado para
empresas,
librerías,
bibliotecas,
editoriales
y centros de enseñanza;
y permite confeccionar libros que, por su formato y concepción, sirven a los propósitos más específicos de estas instituciones.

Las empresas nos encargan ediciones personalizadas para marketing editorial o para regalos institucionales. Y los interesados solicitan, a título personal, ediciones antiguas, o no disponibles en el mercado; y las acompañan con notas y comentarios críticos.

Las ediciones tienen como apoyo un libro de estilo con todo tipo de referencias sobre los criterios de tratamiento tipográfico aplicados a nuestros libros que puede ser consultado en Linkgua-edicion.com.

Linkgua edita por encargo diferentes versiones de una misma obra con distintos tratamientos ortotipográficos (actualizaciones de carácter divulgativo de un clásico, o versiones estrictamente fieles a la edición original de referencia).

Este servicio de ediciones a la carta le permitirá, si usted se dedica a la enseñanza, tener una forma de hacer pública su interpretación de un texto y, sobre una versión digitalizada «base», usted podrá introducir interpretaciones del texto fuente. Es un tópico que los profesores denuncien en clase los desmanes de una edición, o vayan comentando errores de interpretación de un texto y esta es una solución útil a esa necesidad del mundo académico.

Asimismo publicamos de manera sistemática, en un mismo catálogo, tesis doctorales y actas de congresos académicos, que son distribuidas a través de nuestra Web.

El servicio de «libros a la carta» funciona de dos formas.

1. Tenemos un fondo de libros digitalizados que usted puede personalizar en tiradas de al menos cinco ejemplares. Estas personalizaciones pueden ser de todo tipo: añadir notas de clase para uso de un grupo de estudiantes, introducir logos corporativos para uso con fines de marketing empresarial, etc. etc.

2. Buscamos libros descatalogados de otras editoriales y los reeditamos en tiradas cortas a petición de un cliente.

www.ingramcontent.com/pod-product-compliance
Lightning Source LLC
Chambersburg PA
CBHW020556030426
42337CB00013B/1113